AF495005

EDMOND RENAUDIN

DICTIONNAIRE DES RUES

QUAIS, AVENUES, BOULEVARDS, PASSAGES PLACES, CARREFOURS, ETC.

AVEC

LA CONCORDANCE DES NOMS ANCIENS ET DES NOMS NOUVEAUX

COMPRIS DANS LES DÉCRETS DE 1864 ET 1865

Extrait de PARIS-EXPOSITION ou GUIDE A PARIS EN 1867

PARIS
CH. DELAGRAVE ET Cie, LIBRAIRES-ÉDITEURS
78, RUE DES ÉCOLES, 78
1867

RUES NOUVELLEMENT DÉNOMMÉES (décrets des 19-24 août 1864, 2 octobre 1865)

ANCIENS NOMS.	NOUVEAUX NOMS.
Alger-Chapelle	Affre.
Alma (boul. de l')	Bosquet, Duquesne.
Alma-Belleville	Eupatoria.
Amandiers-Ste-Genev.	Laplace.
Amboise-Montrouge	Thibaud.
Amélie-Montmartre	Puget.
Angoulême-St-Honoré	Morny.
Antin-Batignolles	Biot.
Arcade-Montmartre	Androuet.
Arcades-Ternes	Bayen.
Arts-Auteuil	Géricault.
Austerlitz-Invalides	Fabert.
Austerlitz-St-Marcel	Esquirol.
Baran (pass.)	Ginoux.
Bassins	Copernic.
Bayard-Invalides	Hoche.
Beauregard (imp.)	Compans.
Beauregard-Martyrs	Lallier.
Beauvau-St-Antoine	Beccaria.
Bel-Air-Passy	Lauriston.
Belleville	Hautpoul.
Bellevue	Chalgrin, Traktir.
Benoît	Musset.
Biron	Humboldt.
Blanche-Passy	Greuze.
Bons Enfants-Auteuil	Désaugiers.
Bouchers-Passy	Chalgrin.
Bourbon-Villeneuve	Aboukir.
Calais-Villette	Rouvet.
Carrières-Passy	Nicolo.
Carrières-Vaugirard	Lacretelle.
Chabrol Chapelle	Philippe de Girard.
Champ-de-Mars (av.)	Rapp.
Champs-Elysées (r.)	Boissy-d'Anglas.
Chapelle (av.)	Philippe-de-Girard.
Chapelle (rue de la)	d'Alembert.
Chapelle-Villette	Riquet.
Charlot-Montrouge	Poinsot.
Chastillon	Vicq-d'Azir.
Chaumière-Ternes	Laugier.
Chaussée Clignancourt	Ramey.
Chaussée de la Muette	Prudhon.
Chemin du Bac	Clisson, Baudricourt.
— des Dames	de Maistre.
— de Lagny	Bouvines.
— des Marais	Michel Bizot.
— de la Poterne	Olivier-de-Serres.
— du Pré St-Gerv.	Petit.
— des Vaches	Lourmel.
— de Valencienn.	Corial.
— de Versailles	Galilée.
Chemins-Verts	Nicolaï.
Cimetière	Gondi.
Clos-Passy	Claude Lorrain.
Cluny	Victor Cousin.
Collége	Ollier.
Collége L.-le-Gr. (pl.)	Gerson.
Contrescarpe	Blainville.
Corderie-St-Hon. (r.)	Gomboust.
Couronnes-Chapelle	Polonceau.
Croix-Boissière	Decamps.
Cuissard	Hérold.
Dames-Montmartre	de Maistre.
Dauphine	Bugeaud.
Dépotoir	Petit.
Douze-Portes	Veillhardouin.
Ecole (pl. de l'anc. B.)	Cambronne.
— Vaugirard	Cambronne.
Ecoles	Vitru[illegible].

ANCIENS NOMS.	NOUVEAUX NOMS.
Echaudé-Marais	Debelleyme.
Eglise (r. de l')	Cler.
— (pl. de l')	Lassus.
— Vaugirard	Gerbert.
Egout-Auteuil	Callot.
Empereur-Montmartre	Lepic.
Entrepôt-Grenelle	Rouelle.
— Villette	Bellot.
Est-Montmartre	Cugnot.
Ferdinand St-Maur	Morand.
Fidélité	Sibour.
Florentine	Coustou.
Fontaine-Auteuil	Gros, La Fontaine.
— Passy	Lekain.
— Belleville	Borrego.
— (sentier)	Raffet.
Fortin-Batignolles	Beudant.
Fossés-Montmartre	Aboukir.
— St-Victor	Thouin.
Fourcy-Ste-Geneviève	Thouin.
Gaîté-Montrouge	Vandamme.
Garde-Batignolles	Gauthey.
Gare-Batignolles	Tarbé.
— Bercy	Corbineau.
Glacière-Passy	Pajou.
Grand-Montrouge	Friant.
Grange-aux-Merciers	Nicolaï.
Grenelle-Grenelle	Alain-Chartier.
Grès	Cujas.
Halles-Centrales	Pierre-Lescot.
Havre-Villette	Riquet.
Hôpital	Harvey.
Industrie-Grenelle	Emeriau.
Isly (pass.)	Kabylie.
Isly-Villette	Tanger.
Ivry	Titien.
Lecante	Richomme.
Lelong	Viala.
Lille	Argonne.
Limoges	Debelleyme.
Lombard	Rennequin.
Marais-St-Germain	Visconti.
Madeleine	Pasquier.
Marché-aux-Chevaux	Duméril.
Mazagran-Chapelle	Laghouat.
Ménilmontant	Oberkampf.
Miracles (imp.)	Lancret.
Mogador-Villette	Maroc.
Montagne-Passy	Beethoven.
Montmorency	Donizetti.
Montyon-Montrouge	Mouton-Duvernet.
Moulins-Passy	Pétrarque
— Javel	Leblanc.
— Passy	Scheffer.
Murs de la Roquette	Mercœur.
Napoléon-Belleville	Palikao.
Neuve-Bois-le-Vent	Talma.
— Bon-Puits	Pajol.
— Breda	Clausel.
— Bretagne	Froissart.
— Brezin	Niepce.
— Champ-d'Asile	Deparcieux.
— Eglise Passy	Jean-Bologne.
— Embarcadère	Poussin.
— Labat	Simart.
— Ménilmontant	Commines.

DICTIONNAIRE DES RUES

QUAIS, AVENUES, BOULEVARDS, PASSAGES, PLACES, CARREFOURS, ETC.

(*Voir*, ci-contre, le Tableau des noms modifiés par les derniers décrets.)

ARR.	VOIES PUBLIQUES.	TENANTS.	ABOUTISSANTS.
6	**Abbaye (rue de l')**..	r. de l'Échaudé.......	r. Bonaparte.
18	Abbaye (pl. de l')...	r. de l'Abbaye........	r. de la Cure.
6	Abbaye (pass. de l')...	r. du Four...........	r. Gozlin.
18	Abbaye (r. de l')....	pl. de l'Abbaye.......	ch. des Martyrs.
5	Ab. de l'Épée (r. de l').	boul. St-Michel......	r. St-Jacques.
10	Abbeville (r. d').....	pl. Lafayette.........	r. de Rocroi.
2	Aboukir (rue d')....	pl. des Victoires......	r. St-Denis.
17	Abreuvoir (r. de l')...	r. de la Saussaye......	r. des Brouillards.
18	Acacias (r. des).....	ch. Clignancourt......	ch. des Martyrs.
17	Acacias (r. des).....	av. de la Gr.-Armée...	av. des Ternes.
18	Affre (rue).........	r. de Jessaint.........	r. Constantine.
16	Aguesseau (pl. d')...	r. Molière...........	r. Verdelet.
8	Aguesseau (r. d')...	faub. St-Honoré......	r. de Suresnes.
1	Aiguillerie (r. de l')..	r. St-Denis..........	r. Ste-Opportune.
15	Alain Chartier (r.)...	r. Blomet............	Grande-Rue.
8	Albe (rue d').......	av. Ch. Élysées........	r. François Ier.
10	Albouy (r. d').......	r. des Marais.........	r. des Vinaigriers.
14	Alembert (r. d').....	r. Nve-Tombe-Issoire..	r. Hallé.
1	Alger (r. d')........	r. de Rivoli..........	r. St-Honoré.
10	Alibert (r.).........	q. de Jemmapes.......	r. Parmentier.
12	Aligre (r. d').	r. de Charenton.......	pl. de M. Beauveau.
19	Allemagne (r. d')....	r. Lafayette..........	boul. Serrurier.
7	Allent.............	r. de Lille...........	r. de Verneuil.
15	Alleray (r. d')......	Gr.-Rue.............	r. de la Procession.
8	Alma (av. de l').....	av. des Ch.-Elysées ...	av. de l'Empereur.
7	Alma (b. de l')......	av. Lowendall........	av. Lamotte-Piquet.
16	Alma (r. de l')......	Gr. r. d'Auteuil......	boul. Murat.
19	Alouettes (r. des)...	r. de la Villette.......	sq. des Buttes.
20	Amandiers (r. des)..	b. des Amandiers.....	r. Ménilmontant.
11	Amand.-P. (r. des)..	r. Popincourt.........	barr. des Amandiers.
2	Amboise (r. d').....	r. Richelieu..........	r. Favart.
10	Ambroise-Paré (r.)..	r. de Maubeuge.......	r. Rocroi.
7	Amélie (r.).........	r. St-Dominique.......	r. de Grenelle.
11	Amelot (r.).........	boul. Rich. Lenoir....	r. St-Sébastien.
8	Ampère (r.)........	boul. Malesherbes.....	boul. Pereire.
8-9	Amsterdam (r. d')...	r. St-Lazare.........	b. de Clichy.
6	Anc.-Coméd. (r. de l')	r. de Buci...........	r. de l'École-de-Méd.
3	Ancre (pass. de l')...	r. St-Martin.........	r. Turbigo.
16	Andréine (r.).......	av. Bugeaud..........	av. de l'Impératrice.
18	Andrieu (r.)........	r. Lagille............	r. des Champs.
18	Androuet (r.).......	r. des Poiriers........	r. des 3 Frères.
18	Angél.-Compoint (r.)	r. du Ch. de f. de Ceint.	boul. Ney.
5	Anglais (r. des).....	r. Galande...........	boul. St-Germain.
13	Anglaises (r. des)...	r. de Lourcine........	r. du Petit-Champ.
11	Angoulême (r. d')...	b. du Temple........	r. St-Maur.
11	Angoulême (pass. d').	r. Oberkampf........	r. d'Angoulême.
4	Anjou (q. d').......	r. Saint-Louis........	r. des 2 Ponts.
3	Anjou au M. (r. d')..	r. Charlot............	r. des Enfants-Roug.
8	Anjou St-H. (r. d')...	r. faub.-St-Honoré.....	r. de la Pépinière.
6	Anj.-Dauph. (r. d')...	r. Dauphine..........	r. de Nevers.
19	Annelets (r. des)....	r. des Solitaires......	r. de Crimée.
8	Antin (aven. d').....	Cours-la-Reine........	Rond-Point des Ch.-El.
9	Antin (cité d')......	r. de Provence........	r. de la Ch.-d'Antin.

ARR.	VOIES PUBLIQUES.	TENANTS.	ABOUTISSANTS.
2	Antin (r. d')	r. de Port-Mahon......	r. Ne-des-Pet.-Ch.
6	Antoine-Dubois (r.).	pl. de l'Ecole de Méd..	r. M. le Prince.
19	Arago (r.)..........	r. de Meaux..........	sq. de la Butte.
5	Arbalète (r. de l')...	r. des Charbonniers ..	r. Mouffetard.
1	Arbre-Sec (r. de l')...	pl. de l'Ecole.........	r. St-Honoré.
17	Arc-de-Tr. (r. de l')..	pl. de l'Arc..........	r. des Acacias.
8	Arcade (r. de l')....	boulv. Malesherbes....	r. St-Lazare.
17	Arcet (r. d')........	b. des Batignolles.....	r. des Dames.
4	Archevêché (q. d. l')..	pt de l'Archevêché.....	pt au Double.
14	Arcueil (ch. d').....	r. de la Glacière......	boul. Jourdan.
19	Ardennes (r. des)...	r. d'Allemagne........	q. de la Marne.
8	Argenson (r. d').....	r. de la Pépinière.....	boul. Haussmann.
1	Argenteuil (r. d')....	r. des Frondeurs......	r. St-Roch.
19	Argonne (r. de l')...	q. de l'Oise..........	r. de Flandre.
17	Armaillé (rue)......	r. des Acacias	r. Ste-Ferdinand.
5	Arras (r. d')........	r. St-Victor...........	r. Clopin.
15	Arrivée (r. de l')....	boul. Montparnasse...	av. du Maine.
4	Arsenal (pl. de l')...	r. de la Cesiraie.......	r. de l'Orme.
16	Artistes (r. des).....	gr. r. de Passy........	r. de la Tour.
14	Artistes (r. des),....	r. de Gentilly.........	r. Sarrasin.
20	Arts (r. des)........	r. Constantine........	r. des Couronnes.
3	Arts-et-Mét. (sq.)....	r. St-Martin..........	b. Sébastopol.
11	Asile-Pop. (r. de l').	r. Popincourt.........	r. du Mouffle.
6	Assas (r. d')	r. de Vaugirard.......	r. du Cherche-Midi.
19	Asselin (r.)..........	b. de la Villette......	r. Moujol.
16	Assomption (r. de l')..	r. Boulainvilliers......	boul. Montmorency.
8	Astorg (r. d').......	r. de la Ville-l'Ev......	boul. Malesherbes.
1	Athènes (pass. d')...	r. St-Honoré..........	Cloître St-Honoré.
9	Auber (r.)..........	boul. des Capucines...	r. Tronchet.
2	Aubert (pass.)......	r. Saint-Denis.........	r. Ste-Foy.
18	Aubervilliers (r. d')..	pl. Hébert...........	r. du Bon Puits.
18-19	Aubervill. (r. d')....	r. de la Tournelle.....	fortifications.
1-4	Aubry-le Boucher...	r. St-Martin..........	boul. Sébastopol.
18	Audran (r.).........	r. Véron.............	rue de l'Abbaye.
20	Auger (r.)..........	b. Charonne.........	r. Montreuil.
3	Aumaire (r.)........	r. Volta..............	r. St-Martin.
20	Aumaire (r.)........	r. St-Germain.........	boul. Davoust.
9	Aumale (r. d')......	r. St-Georges.........	r. de la Rochefouc.
13	Austerlitz (q. d')....	r. de la Gare.........	pl. Walhubert.
1	Babille (r.).........	r. des Deux-Ecus......	r. de Viarmes.
7	Babylone (r. de,....	r. du Bac.............	b. des Invalides.
7	Bac (r. du).........	q. Voltaire...........	r. de Sèvres.
17	Bac d'Asn. (r. du)...	pl. de Lévis..........	r. de Paris.
18	Bachelet (r.)........	r. Nicolet............	r. Lécuyer.
6	Bagneux (r. de).....	r. du Cherche-Midi....	r. de Vaugirard.
19	Bagnolet (r. de).....	pl. des Trois Comm....	fortifications.
20	Bagnolet (r. de).....	pl. de la Mairie........	fortifications.
1	Baillet (r.).........	r. de la Monnaie......	r. de l'Arbre-Sec.
1	Bailleul (r.).........	r. de l'Arbre-Sec......	r. du Louvre.
1	Baillif (r.).........	r. des Bons-Enfants...	r. Croix-d.-Pet.-Ch.
17	Balagny (r.)........	av. de Clichy.........	av. St-Ouen.
8	Balzac (r. de).......	av. des Ch.-Élysées....	r. du Faub.-St-Honoré.
2	Banque (r. de la)....	r. Neuve-des-P.-Ch....	pl. de la Bourse.
13	Banquier (r. du)....	r. du Marché-aux-Ch..	r. Mouffetard.
7	Barbet de Jouy (r.)..	r. de Varennes........	r. de Babylone.
3	Barbette (r.)........	r. des 3 Pavillons......	r. Vieille-du-Temple.
15	Bargue (r.).........	Grande-Rue..........	r. des Fourneaux.
6	Barouillère (r.)......	r. de Sèvres..........	r. du Cherche-Midi.
13	Barrault (r.)........	b. d'Italie............	r. la Butte-aux-Cailles
4	Barres (rue des)....	q. de la Grève........	r. St-Antoine.
4	Barrés (r. des)......	r. St-Paul............	r. du Fauconnier.
15	Barthélemy (r.).....	av. de Breteuil.......	ch. de Sèvres.
2	Basfour (pass.)......	r. de Palestro	r. St-Denis.
11	Basfroid (r.)........	r. de Charonne........	r. de la Roquette.
16	Basse-Passy (r.).....	carref. de la Montag...	av. de Boulainvilliers

ARR.	VOIES PUBLIQUES.	TENANTS.	ABOUTISSANTS.
5	Basse-des-Carmes (r.)	r. de la Montagne.....	r. des Carmes.
9	Basse-du-Rempart(r.)	pl. de l'Opéra.........	pl. de la Madeleine.
16	Basse-St-Pierre (r.)..	q. de Billy...........	av. de l'Empereur.
15	Basse-du-Transit(r.).	r. Croix-Nivert.......	r. Blomet.
20	Basses-Vignoles (r.)..	r. des Haies........ .	r. Madame.
16	Bassins (r. des).....	boul. de Rome........	r. Newton.
4	Bassompierre (r.)....	b. Bourdon...........	r. de l'Orme.
4-11-12	Bastille (pl. de la)...	r. St-Antoine..........	faub. St Antoine.
16	Batailles (r. des)....	r. Longchamp........	r. Benj.-Delessert.
17	Batignollaises(r.d.)..	b. des Batignolles.....	r. des Dames.
8-17	Batignolles (b. des)..	Grande-Rue..........	r. du Rocher.
5	Battoir (r. du)......	r. du Puits-de-l'Erm .	r. de Lacépède.
16	Bauches (r. des)....	r. de Boulainvilliers...	r. de la Glacière.
18	Baudelique (r.).....	r. des Portes-Blanches.	Montmartre (anc.)
9	Baudin (r.).........	r. Lafayette..........	r. Mayran.
13	Baudricourt (r.).....	r. Chât.-des-Rentiers..	r. de Choisy.
8	Bausset (r.).........	pl. de la Mairie.......	r. Grouet-d'Arcy.
17	Bayen (r.)..........	r. des Dames.........	b. Gouv.-St-Cyr.
8	Bayard-Ch.-El.(r.)...	Cours-la-Reine........	av. Montaigne.
3-4	Beaubourg (r.)......	r. Maubuée...........	r. Réaumur.
3	Beauce (r. de).. ...	r. d'Anjou............	r. de Bretagne
8	Beaucourt (av.)....	r. du Faub.-St-Honoré.	
3	Beaujolais-du-Ten...	r. de Bretagne........	pl. de la Rotonde.-d.-T.
1	Beaujolais-P.-R.(r.)..	r. de Valois..........	r. de Montpensier.
8	Beaujon (r.)........	r. de l'Oratoire.......	av. Ste-Marie.
3-4-11	Beaumarchais (b.)...	r. St-Antoine.....	r. du P.-aux-Choux.
7	Beaune (r. de)......	q. de Voltaire....	r. de l'Université.
19	Beaune (r. de)......	r. de Paris...........	r. St-Denis.
2	Beaureg.-Poiss.(r.)..	r. Poissonnière.......	b. Bonne-Nouvelle.
2	Beaurepaire (r.).....	r. des 2 Portes-St-S...	r. Montorgueil.
16	Beauséjour (b. de)..	Grande-Rue de Passy..	r. de l'Assomption.
4	Beautreillis (r.).....	r. des Lions..........	r. St-Antoine.
6	Beaux-Arts (r. des)...	r. de Seine...........	r. Bonaparte.
12	Beccaria (r. de).....	boulevard Mazas.......	pl. du Marc.-Beauv.
16	Beethoven (r.)......	q. de Passy...........	r. Basse.
12	Bel-Air (aven. du)...	av. de St-Mandé.......	pl. du Trône.
12	Bel-Air (aven. du)...	b. de Picpus..........	fortifications.
13	Bel-Air (r. du)......	r. du Moulin-d.-Prés..	b. Kellermann.
8	Bel-Respiro (r. du)..	av. des Ch.-Élysées....	r. Beaujon.
15	Bellart (r.).........	r. Pérignon...........	ch. de r. de Sèvres.
7	Bellechasse (r. de)...	q. d'Orsay............	r. de Varennes.
9	Bellefond (r.).......	r. du Faub.-Poissonn..	r. Rochechouart.
20	Belleville (r. de)....	r. Bagnolet..........	r. de Charonne.
11-20	Belleville (b. de)....	r. des 3 Couronnes....	r. du Faub.-du-Temple
19	Bellevue (r. de). ...	r. des Lilas...	r. Compans.
13	Bellièvre (r. de).....	q. d'Austerlitz.........	r. de la Gare.
16	Bellini (r.).........	rue de la Tour...	r. du Moulin.
19	Bellot (r.)....... ..	r. Tanger............	r. d'Aubervilliers.
10	Belzunce (r. de).....	b. de Magenta........	r. de Rocroi.
17	Bénard (r.).........	r. des Dames.........	r. d'Orléans.
14	Bénard (r.).........	r. du Ch.-des-Plantes..	r. du Terrier-aux-L.
16	Benj. Delessert.....	r. des Batailles.......	r. Franklin.
3	Béranger (r.).......	r. Charlot.......... .	r. du Temple.
12	Bercy (b. de).......	r. de Bercy..........	r. de Charenton.
12	Bercy (q. de)..... .	b. de la Râpée........	r. Grange-aux-Merc.
4	Bercy-St-Jean(r.d.)..	r. Vieille-du-Temple...	pl. du Marché-St-Jean.
12	Bercy-St-Ant.(r.d.)..	ch. de la Râpée......	b. de la Contrescarpe.
1	Berger (r.).........	boul. Sébastopol......	r. Vauvilliers.
9	Bergère (r.)........	r. du Faub.-Poissonn..	r. du F.-Montmartre.
9	Bergère (cité).......	r. du Faub.-Montmart.	r. Bergère.
9	Bergère (galerie)....	r. de Montyon........	r. Geoffroy-Marie.
15	Bergers (r. des).. ..	r. de Javel.........	r. St-Paul.
8-9	Berlin (r. de).......	r. de Clichy..........	pl. d'Europe.
6	Bernard Palissy (r.)..	r. de l'Egout	r. du Dragon.
5	Bernardins (r. des)..	q. de la Tournelle.....	r. St-Victor.
8	Berry (r. de)........	av. des Champs-Elys...	r. du Faub.-St-Honoré.

ARR.	VOIES PUBLIQUES.	TENANTS.	ABOUTISSANTS.
8	Berryer (cité).......	r. Royale............	r. de la Madeleine.
18	Berthe (r.)..........	r. du Poirier.........	r. du Télégraphe.
18	Berthier (boul.).....	porte de Clichy.......	porte Courcelles.
13	Berthollet (r.)......	r. des Feuillantines...	boul. Arago.
1	Bertin-Poirée (r.)...	q. de la Mégisserie....	r. de Rivoli.
16	Berton (r.).........	q. de Passy..........	r. Basse.
7	Bertrand (r.).......	r. Eblé..............	r. de Sèvres.
17	Berzelius (r.).......	av. de Clichy.........	b. Bessières.
17	Bessières (boul.)....	porte St-Ouen.........	porte Clichy.
4	Béthune (q. de).....	r. St-Louis-en-l'Ile....	pt de la Tournelle.
17	Beudant (r.)........	r. de l'Ecole...	Gr. Rue.
15	Beuret (r.).........	boul. des Batignolles..	r. des Dames.
10	Bichat (r.)...	r. du Faub.-du-Temple.	q. de Jemmapes.
16	Biches (r. des)......	av. d'Eylau..........	av. Bugeaud.
8	Bienfais. (r. de la)..	r. du Rocher..........	av. de Plaisance.
5	Bièvre (r. de).......	q. de la Tournelle....	b. St-Germain.
16	Billancourt (r. de)...	route de Versailles....	fortifications.
4	Billettes (r. des).....	r. de la Verrerie......	r. Ste-Croix-de-la-B.
16	Billy (q. de)........	pt de l'Alma..........	r. de la Montagne.
17	Biot (r.)............	b. des Batignolles. ...	r. des Dames.
4	Birague (r.)........	r. St-Antoine.........	Pl. Royale.
18	Biron (r.)..........	r. Ramey............	r. Bachelet.
12	Biscornet (r.).......	r. des Terres-Fortes...	b. de la Contrescarpe.
8-16	Bizet (r.)...........	q. de Billy..........	r. de Chaillot.
5	Blainville (r.).......	r. Mouffetard.........	r. Tournefort.
9	Blanche (r.)........	r. St-Lazare..........	pl. de la Bar.-Blanche
4	Blancs-Mant. (r.)....	r. Vieille-du-Temple...	r. du Temple.
9	Bleue (r.)..........	r. du Faub.-Poissonn..	r. Cadet.
15	Blomet (r.).........	r. de Sèvres..........	r. St-Lambert.
2-3	Blondel (r.)........	r. St-Martin..........	r. St-Denis.
14	Blottière (r.).......	r. Perrel............	r. de la Procession.
9	Bochart de Saron (r.).	av. Trudaine..........	ch. Rochechouart.
2	Boïeldieu (pl.)......	r. Favart............	r. Marivaux.
1	Boileau (r.).........	r. de la Ste-Chapelle....	q. des Orfèvres.
16	Boileau (r.).	r. Molière...........	route de Versailles.
19	Bois (r. des)........	r. des Prés..........	fortifications.
20	Bois (r. du)........	r. de Paris..........	Charonne (anc).
10	Bois de Boul. (pas.).	r. du Faub.-St-Denis...	boul. St-Denis.
19	Bois de l'Orme (r. du).	r. des Lilas..........	r. du Pré.
16	Bois-le-Vent (r.)....	pl. de la Mairie.......	r. Boulainvilliers.
16	Boissière (r.).......	b. de Passy..........	r. Point-de-la-Plaine.
8	Boissy-d'Anglas (r.).	pl. de la Concorde....	boul. Malesherbes.
18	Bon-Puits (pass.)...	Grande-Rue..........	ch. de fer de l'Est.
6	Bonaparte (r.)......	q. Malaquais.........	r. Vavin.
10	Bondy (r. de).......	r. de la Douane.......	r. du Faub.-St-Martin.
11	Bonne-Graine (pass.)	faub. St-Antoine......	pass. Fosset.
2-10	Bonne-Nouv. (b.)....	r. St-Denis...........	r. Poissonnière.
1	Bons-Enf. (r. des)...	r. St-Honoré.........	r. Neuve-des-B.-Enf.
5	Borda (r.)..........	r. Volta.............	r. Montgolfier.
19	Bordeaux (r. de)....	r. de Flandre.........	q. de Seine.
16	Bornes (r. des).....	r. du Moulin.........	rond-pt de Longch.
20	Borrego (r.)........	r. de Charonne.......	r. de Vincennes.
7	Bosquet (aven.).....	q. d'Orsay...........	av. de Ségur.
10	Bossuet (r.)........	r. de Lafayette.......	r. de Belzunce.
10	Bouchardon (r.). ...	r. de Bondy....... ...	r. du Château-d'Eau
1	Boucher (r.)........	r. de la Monnaie.....	r. de Rivoli.
6	Boucherie (p. de la).	r. de l'Abbaye........	pl. Gozlin.
7	Bouch.-d.-Inv. (r.)..	q. d'Orsay...........	r. St-Dominique.
18	Boucry (r.).........	r. de l'Est...........	r. p. de la Chapelle.
16	Boudon (av.)........	r. des Vignes.........	grande rue d'Auteuil.
9	Boudreau (r.).......	av. Trudon...........	r. de Caumartin.
16	Boufflers (aven.)....	av. des Tilleuls.......	av. des Peupliers.
7	Bougainville (r.)....	av. de La M.-Piquet...	r. Chevert.
16	Boulainvill. (r.).....	pt de Grenelle........	r. Basse.
5	Boulangers (r. des)..	r. St-Victor..........	r. d. Fossés-St-Victor.
14	Boulard (r.)........	r. du Champ-d'Asile...	r. Brezin.

ARR.	VOIES PUBLIQUES.	TENANTS.	ABOUTISSANTS.
17	Boulay (r.)	av. de Clichy	ch. des Bœufs.
9	Boule-Rouge (r.)	r. de Montyon	r. Geoffroy-Marie.
11	Boulets (r. des)	r. de Montreuil	r. de Charonne.
17	Boulevard (r. du)	b. des Batignolles	r. des Dames.
9	Boulogne (r. de)	r. Blanche	r. de Clichy.
19	Boulogne (r. de)	r. de Nantes	q. de la Gironde.
1	Bouloi (r. du)	r. Cr.-d.-Pet.-Champs	r. Coquillière.
16	Bouq.-de-Longch. (r.)	r. de Longchamp	r. de la Croix-Boiss.
16	Bouq.-des-Ch. (r.)	r. de Longchamp	ch. des Bassins.
4	Bourbon (q. de)	r. des Deux-Ponts	r. St-Louis.
6	Bourb.-le-Ch. (r.)	r. de Buci	r. de l'Echaudé.
9	Bourdaloue (r.)	r. Ollivier	r. St-Lazare.
4	Bourdon (b.)	b. Morland	pl. de la Bastille.
1	Bourdonnais (r. des)	q. de la Mégisserie	r. de la Poterie.
19	Bouret (r.)	r. d'Allemagne	r. de Meaux.
2	Bourg-l'Abbé (pas.)	b. de Sébastopol	r. St-Denis.
7	Bourgogne (r. de)	q. d'Orsay	r. de Varennes.
5-13	Bourguignons (r. des)	r. de Lourcine	r. de la Santé.
9	Boursault (r.)	r. Pigalle	r. Blanche.
17	Boursault (r.)	b. des Batignolles	r. des Dames.
2-3	Bourse (pl. de la)	r. N.-D.-des Victoires	r. Vivienne.
2	Bourse (r. de la)	pl. de la Bourse	r. de Richelieu.
4	Bourtibourg (r.)	r. de la Verrerie	r. Ste-Croix-de-la-Br.
5	Boutebrie (r.)	r. de la Parcheminerie	b. St-Germain.
13	Boutin (r.)	r. de la Glacière	r. de la Santé.
11	Bouvines (av. de)	r. des Ormeaux	av. des Ormeaux.
11	Bouvines (av.)	r. des Ormeaux	r. de Bouvines.
10	Brady (pass.)	r. du Faub.-St-Martin	r. du Faub.-St-Denis.
15	Brancion (r.)	pl. de l'Unité	boul. Lefebvre.
3	Brantôme (r.)	r. Beaubourg	r. St-Martin.
3	Braque (r. de)	r. du Chaume	r. du Temple.
6	Bréa (r.)	r. Vavin	b. Montparnasse.
12	Brèche-aux-Loups (r.)	r. de Charenton	r. de la Lancette.
9	Bréda (pl.)	r. Bréda	r. Neuve-Breda.
9	Bréda (r.)	r. N.-D. de Lorette	r. Laval.
3	Bretagne (r. de)	r. Vieille-du-Temple	r. du Temple.
7-15	Breteuil (av. de)	pl. de Vauban	r. de Sèvres.
7-15	Breteuil (pl. de)	av. de Breteuil	r. Duroc.
3	Breteuil (r. de)	r. Réaumur	r. Vaucanson et Conté
4	Bretonvilliers (r.)	q. de Béthune	r. St-Louis-en-l'Ile.
17	Brey (r.)	b. de l'Etoile	r. de la Plaine.
14	Brezin (r.)	route d'Orléans	ch. du Maine.
17	Bridaine (r.)	r. de la Goutte-d'Or	r. des Couronnes.
18	Briquet (r.)	b. Rochechouart	r. des Acacias.
4	Brise-Miche (r.)	r. du Cloît.-St-Merri	r. Neuve-St-Merri.
4	Brissac (r. de)	r. Morland	r. Crillon.
17	Brochand (r.)	av. de Clichy	pl. de l'Eglise.
2	Brongniart (r.)	b. Montmartre	r. N.-D. des Victoires.
18	Brouillards (r. des)	r. de l'Empereur	r. de la Font.-d.-B.
13	Bruant (r.)	chemin de la Gare	r. des Deux-Moulins.
14	Brune (boul.)	porte d'Orléans	ch. de fer de l'Ouest.
8-9	Bruxelles (r. de)	pl. de la bar. Blanche	r. du Rocher.
5	Bûcherie (r. de la)	pl. Maubert	r. du Petit-Pont.
6	Buci (r. de)	r. de l'Anc.-Comédie	r. de l'Ecole-de-Méd.
9	Buffault (r.)	r. du Faub.-Montmartre	r. Lamartine.
5	Buffon (r. de)	b. de l'Hôpital	r. Geoffroy-St Hilaire.
16	Bugeaud (aven.)	r. p. de la Plaine	av. de l'Impératrice.
16	Buis (r. du)	r. Verdelet	r. Molière.
10	Buisson-St-Louis (r.)	r. St-Maur	ch. de la Chopinette.
13	Buot (r.)	r. de la Butte-aux-C...	r. des Champs.
18	Burq (r.)	r. de l'Abbaye	r. Durantin.
13	Butte-Cailles (r. de la)	r. Vendrezanne	r. de l'Espérance.
10	Butte-Chaum. (r.)	ch. du Combat	r. de Château-Land.
12	Buttes (r. des)	Gr.-r. de Reuilly	r. de Picpus.
18	Buzelin (r.)	r. de la Tournelle	r. du Bon-Puits.

ARR.	VOIES PUBLIQUES.	TENANTS.	ABOUTISSANTS.
9	Cadet (r.)..........	r. du F.-Montmartre...	r. Lamartine.
3	Caffarelli (r.).......	r. de Bretagne........	pl. de la R.-du-T.
13	Caillaux (r.)........	route de Choisy.	
2	Caire (pass. du).....	r. St-Denis............	pl. du Caire.
2	Caire (pl. du)......	r. du Caire...........	r. d'Aboukir.
2	Caire (r. du)........	r. St-Martin...........	pl. du Caire.
9	Calais (r. de).......	r. Blanche...........	pl. de Vintimille.
20	Calais (r.)..........	r. Ménilmontant.......	r. de Paris.
16	Callot (r.)..........	route de Versailles....	r. de la Municipalité.
8	Cambacérès (r.).....	r. Ville-l'Evêque......	r. de la Pépinière.
19	Cambrai (r. de).....	Ch. de St-Denis.......	r. de Flandre.
5	Cambrai (pl.).......	r. St-Jean de Latran..	r. St-Jacques.
15	Cambronne (r.).....	r. de Vaugirard.......	pl. Cambronne.
14	Campagne-1re (r)...	b. du Montparnasse....	b. d'Enfer.
13	Campo-Form.(r.d.)..	r. Pinel...............	b. de l'Hôpital.
5	Canal St Mart.(r.d.)..	r. du F. St-Martin.....	q. de Valmy.
6	Canettes (r. des)....	r. du-Four-St-Germain.	pl. St-Sulpice.
6	Canivet (r. du)......	r. Servandoni........	r. Férou.
18	Caplat (r.)..........	r. de la Charbonnière..	r. de la Goutte-d'Or,
18	Capron (r.).........	b. de Clichy..........	G. r. des Batignolles.
2-9	Capucines (b. des)...	r. Louis-le-Grand......	r. Neuve-des-Capucin.
5-15	Capucins (r. des)....	r. du-Ch.-des-Capuc...	r. St-Jacques.
5	Card. Lemoine (r. du)	q. de la Tournelle....	r. St-Victor.
6	Cardinale (r.).......	r. de Furstemberg....	r. de l'Abbaye.
17	Cardinet (r.)........	av. de Clichy.........	r. d'Asnières.
6	Carnot (r.).........	r. de l'Ouest..........	r. N.-D.-des-Champs.
5	Carmes (r. des).....	r. des Noyers.........	r. St-Hilaire.
17	Caroline (r.)........	r. du Boulevard.......	r. des Batignolles.
20	Caroline (r.)........	r. des Couronnes.....	sq. Napoléon.
4	Caron (r.)..........	pl. du M.-Ste-Cath.....	r. Jarente.
6	Carpentier r.)......	r. du Gindre..........	r. Cassette.
20	Carrières d'Amériq..	r. Hautpoul..........	boul. Serrurier.
18	Carrières des Batign.	g. r. des Batignolles..	r. du Ch.-des-Dames.
19	Carrières du Centre.	r. Fessart............	r. de Meaux.
20	Carrières de Ménilm.	r. des Partants.......	r. de Ménilmontant..
18	Carrières de Montm.	r. des Dames.........	ch. des Bœufs.
1	Carrousel (pl. du)...	Tuileries.............	Louvre.
20	Cascades (r. des)....	r. de Ménilmontant....	r. de la Mare.
6	Casim. Delavig. (r.)..	r. Mons.-le-Prince....	pl. de l'Odéon.
7	Casimir Périer (r.)..	r. St-Dominique......	r. de Grenelle.
6	Cassette (r.)........	r. du Vieux-Colombier.	r. de Vaugirard.
14	Cassini (r.).........	r. du Faub.-St-Jacq....	r. d'Enfer.
8	Castellane (r.)......	r. Tronchet...........	r. de l'Arcade.
4	Castex (r.)..........	r. de la Cerisaie.......	r. St-Antoine.
1	Castiglione (r. de)...	r. de Rivoli...........	r. St-Honoré.
1	Catinat (r.).........	r. de La Vrillière.....	pl. des Victoires.
18	Cauchois (r.)........	r. de l'Empereur.....	r. Ste-Marie-Blanche.
9	Caumartin (r. de)...	r. Basse-du-Rempart..	r. St Lazare.
18	Cavé (r.)...........	r. des Cinq-Moulins...	r. des Gardes.
4	Célestins (q. des)....	r. du Petit-Musc......	r. St-Paul.
14	Cels (r.)............	r. N^e-de-la-Pépin......	ch. de Vanves.
5-13	Cendrier (r. du).....	r. du M.-aux-Chevaux.	r. des Fossés-S^t-M.
20	Cendriers (r. des)...	b. des Amandiers.....	r. des Amandiers.
5	Censier (r.).........	r. Geoffroy-St-Hil......	r. Mouffetard.
8	Centre (r. du).......	r. de l'Oratoire	r. de Balzac.
17	Centre (r. du).......	av. de Clichy.........	r. de l'Entrepôt.
19	Centre (r. du).......	r. des Alouettes.......	r. Houdard.
20	Centre (r. du).......	pl. de la Réunion.....	r. de Paris.
4	Cerisaie (r. de la)...	b. Bourbon...........	r. du Petit-Musc.
2	Chabanais (r. de)...	r. N^e-des-P.-Ch........	r. Rameau.
10	Chabrol (r.).........	r. du Faub.-St-Denis...	r. de Lafayette.
15	Chabrol (r.)........	q. de Grenelle........	b. de Javel.
16	Chabrol (r.).........	r. du Petit-Parc.......	Neuilly (anc.).
8-16	Chaillot (r. de)......	r. Gasté..............	av. des Ch.-Elysées.
7	Chaise (r. de la)....	r. de Gr.-St-Germain..	r. de Sèvres.
17	Chalabre (r.)........	av. de Clichy.........	r. de l'Entrepôt.

ARR.	VOIES PUBLIQUES.	TENANTS.	ABOUTISSANTS.
16	Chalgrin (r.).......	av. de l'Impératrice...	r. Lesueur.
12	Chaligny (r. de).....	boul. Mazas...........	r. Erard.
12	Châlons (r. de)......	r. de Rambouillet.....	b. Mazas.
11	Chambéry (r. de)...	r. Neuve-des-Boulets..	r. de Charonne.
7	Champagny (r. de)..	r. Casimir-Périer......	r. de Martignac.
14	Champ d'Asile (r.d.)..	b. de Montrouge......	ch. du Maine.
13	Ch.-de-l'Alouette (r.)	r. de Lourcine........	r. Croulebarbe.
7	Ch. de Mars (r. du)..	r. de l'Eglise.........	av. de La Bourdon.
16	Champs (r. des).....	r. de Longchamp......	r. de Lubeck.
20	Champs (r. des).....	r. de Bagnolet........	ch. des Partants.
8	Ch.-Elys. (av. des)..	pl. de la Concorde.....	ch. de l'Etoile.
7	Chanaleilles (r. d.)..	r. Vanneau...........	r. Barbet-de-Jouy.
4	Chanoinesse (r.).....	r. du Cloître-N.-D....	r. des Marmousets.
12	Chantier (pas. du)...	r. Charanton.........	Faub. St-Antoine.
5	Chantiers (r. des)...	r. des Fossés-St-Ber...	r. du Cardinal Lem.
10-18	Chapelle (b. de la)...	Gr. r. de la Chapelle..	r. des Poissonniers.
3	Chapon (r).........	r. du Temple.........	r. St-Martin.
9	Chaptal (r.).........	r. Pigalle............	r. Blanche.
18	Charbonnière (r.)...	b. de la Chapelle.....	r. de Jessaint.
12	Charb.-St-Ant. (r. d.).	r. de Châlons.........	r. de Charenton.
5	Charb.-St-Marc (r. d.)	r. de l'Arbalète........	r. des Bourguignons.
12	Charenton (r.)......	pl. de la Bastille......	ch. de Charenton.
12	Charenton (r.)......	b. de Charenton......	fortifications.
4	Charlem. (pass.).....	r. Charlemagne.......	r. St-Antoine.
4	Charlemagne (r.)....	r. St-Paul...........	r. des Non.-d'Hyères.
4	Charles V (r.).......	r. du Petit-Musc......	r. St-Paul.
3	Charlot (r.).........	r. des Quatre-Fils....	b. du Temple.
17	Charlot (r.).........	b. de l'Étoile.........	r. de la Plaine.
11	Charonne (b. de)....	r. de Montreuil.......	r. de Charonne.
11	Charonne (r. de)....	r. du Faub.-St-Antoine.	ch. de Fontarabie.
19-20	Charonne (r. de)....	r. de Bagnolet........	r. des Bois.
5	Chartière (r.).......	r. St-Hilaire..........	r. de Reims.
17	Chartres (r. de).....	av. de Clichy.........	r. Lemercier.
18	Chartres (r. de).....	b. de la Chapelle.....	r. de la Goutte-d'Or.
17	Chasseurs (av. des)..	b. Pereire............	dans les champs.
20	Château (r. du).....	r. des Ecoles.........	r. de Paris.
10	Chât.-d'Eau (r. du)..	r. de la Douane......	r. du Faub.-St-Denis.
8	Chât.d.Fleurs (r.d.)..	r. des Vignes.........	Champs-Elysées.
13	Chât.d.Rent. (r. d.)..	b. d'Ivry.............	fortifications.
14	Ch.-du-Maine (r.)...	ch. du Maine.........	r. de Vanves.
10	Chât.-Land. (r. du)..	r. du Faub. St-Mart ...	b. des Vertus.
18	Chât.-Rouge (pl. du)..	r. Poulet.............	r. de Levis.
18	Chât.-Montm. (r. du).	ch. de Clignancourt...	r. Marcadet.
8	Châteaubriand (r.)..	r. de l'Oratoire.......	r. du Bel-Respiro.
14	Châtelain (r.).......	r. de l'Ouest..........	r. de Vanves.
1-4	Châtelet (pl. du)....	q. de la Mégisserie....	r. St-Denis.
9	Chauchat (r.).......	r. Rossini......... ...	r. de la Victoire.
10	Chaudron (r.).......	r. du Faub. St-Mart...	r. de Château-Land.
20	Chaudron (r.).......	r. des Amandiers.....	r. des Carrières.
3	Chaume (r. du).....	r. des Blancs-Mant....	r. des Vieilles-Haud.
9	Chaussée d'Antin....	boul. des Italiens......	r. St-Lazare.
18	Chaus. Clignancourt.	boul. Rochechouart...	r. Ramey.
14	Chaussée du Maine..	boul. de Vanves......	r. d'Orléans.
18	Chaus. des Martyrs..	boul. Clichy..........	r. de la Mairie.
3	Chaus. des Minimes.	pl. Royale............	r. St-Gilles.
16	Chaus. de la Muette.	Grande-Rue..........	porte de Passy.
10	Chausson (pass.)....	r. du Ch.-d'Eau.......	r. des Marais.
8	Chauv.-Lagarde (r.)..	pl. de la Madeleine....	r. de Madeleine.
15	Chauvelot (r.).......	r. du Géorama.......	pass. Léonidas.
17	Chazelles (r. de)....	b. Malesherbes.......	b. de Courcelles.
13	Ch.-de-fer (av. du)..	ch. de fer d'Orléans...	r. du Chevaleret.
15	Chem.-de-f. (av.d.)..	b. des Fourneaux.....	ch. de la Gaîté.
18	Chem.-de-f. (r. du)..	r. de la Tournelle.....	r. du Bon-Puits.
14	Chem.-de-f. (r. du)..	r. de la Glacière......	ch. de fer de Sceaux.
17	Chemin des Bœufs..	av. Saint-Ouen.......	boul. Bessières.
16	Chemin de la Croix..	r. de la Croix........	r. de la Tour.

ARR.	VOIES PUBLIQUES.	TENANTS.	ABOUTISSANTS.
16	Chemin de la Cure..	r. de l'Assomption....	av. des Tilleuls.
18	Chemin des 2 Frères	r. des Brouillards.	
16	Chemin de la Galiotte	route de Versailles.	
20	Chemin Neuf-Ménilm	r. de Belleville........	b. Mortier.
12	Chemin de Reuilly..	boul. de Reuilly......	b. Poniatowski.
19	Chemin de St-Ouen..	r. de Cambrai	r. des Vertus.
14	Chem.-des-P. (r.d.)..	r. Bénard...........	ch. des Bœufs.
11	Chem.-vert (r. du)..	b. Beaumarchais......	r. Popincourt.
14	Chem.-vert (r. du)..	r. de la Tombe-Issoire.	fortifications.
12	Chem.-vicin.(r.du)..	r. de Picpus..........	pl. du Trône.
2	Chénier (r.)........	r. St-Foy............	r. de Cléry.
8	Cherbourg (gal. d.)..	r. de la Pépinière.....	r. de la Borde.
6-15	Cherche-Midi (r.)....	carr. de la Cr.-Rouge..	b. de Vaugirard.
17	Cherroi (r.)........	b. des Batignolles.....	r. des Dames.
2	Cherubini (r.).......	r. de Chabanais.......	r. Ste-Anne.
13	Chevaleret (r. du)...	b. de la Gare.........	fortifications.
7	Chevert (r.).........	b. Latour-Maubourg...	av. de Tourville.
6	Cheverus (r.)........	r. d'Erfurth..........	r. Ste-Marthe.
9	Chevreuse (r. de)...	r. St-Lazare..........	r. Trinité.
6	Childebert (r.)......	r. N.-D.-des-Champs...	b. du Montparnasse.
20	Chine (r. de la).....	r. Cour-des-Noues.....	r. Ménilmontant.
2	Choiseul (pass. de)..	r. Ne-des-Petits-Ch....	r. Ne-St-Augustin.
2	Choiseul (r.)........	r. Ne-St-Augustin......	b. des Italiens.
10	Chopinette (r. de la).	r. St-Maur	ch. de la Chopinette.
18	Christiani (r.).......	r. des Poissonniers....	ch. de Clignancourt.
6	Christine (r.).......	r. des Gr.-Augustins..	r. Dauphine.
16	Christine (r.).......	r. Leroux............	pl. d'Eylau.
16	Cimarosa (r.).......	b. de Passy..........	r. Lauriston.
18	Cimetière (av. du)...	b. de Clichy..........	cimetière.
8	Cirque (r. du).......	av. Gabriel...........	r. du Faub.-St-Hon.
6	Ciseaux (r. des).....	r. Gozlin.............	r. du Four.
4	Cité (r. de la).......	q. Napoléon..........	Petit-Pont.
12	Citeaux (r.).........	faub. St-Antoine.	
9	Clary (square).......	r. Ne-des-Mathurins...	r. St-Nicolas-d'Antin.
16	Claude-Lorrain (r.)..	r. de la Municipalité..	r. Boileau.
10	Claude-Vellefaux (r.)	r. Chopinette.........	r. Gr.-aux-Belles.
9	Clausel (r.).........	r. des Martyrs........	r. Breda.
5	Clef (r. de la)......	r. d'Orléans..........	r. de Lacépède.
6	Clément (r.)........	r. de Seine..........	r. Mabillon.
9	Cler (r.)...........	r. St-Dominique......	av. Lam.-Piquet.
2	Cléry (r. de)........	r. Montmartre........	r. Beauregard.
17	Clichy (av. de)......	G.-r. des Batignolles..	fortifications.
9-18	Clichy (b. de)......	r. Blanche............	r. de Clichy.
2-9	Clichy (r. de).......	r. St-Lazare..........	b. de Clichy.
13	Clisson (r.).........	r. Chevalerot.........	r. Nationale.
4	Cloche-Perche (r.)..	r. St-Antoine.........	r. du Roi-de-Sicile.
4	Cloître N.-D. (r. du)..	q. Napoléon..	r. d'Arcole.
1	Cloît. St-Honoré (r.d.)	r. des Bons-Enfants...	r. S -Honoré.
1	Cloît. St-Jacques (r.)	r. Grande-Truanderie.	r. Mauconseil.
3	Cloître St-Merry (r.).	r. du Renard.........	r. St-Martin.
5	Clopin (r.).........	r. des Fos.-St-Victor...	r. d'Arras.
20	Clos (r. du)........	r. Courat............	r. St-Germain.
5	Clos-Bruno (r.).....	r. des Carmes........	r. de la M.-Ste-Genev.
1	Clos-Georg. (r. du)..	r. de la Font.-Moilère..	r. Ste-Anne.
20	Clos-Ménilmontant ..	r. Courat...........	r. Saint-Germain.
20	Clos-Rasselin	r. de Montreuil.......	r. Madame.
20	Clos-Réglise	r. Madame......	r. Saint-Germain.
5	Clotaire (r.).........	pl. Ste-Geneviève......	r. des Fos.-St-Jacq.
15	Clovis (r.).........	r. des Fos.-St-Victor...	r. Clotilde.
18	Cloys (r. des).......	r. d. Ruisseau...... .	r. des Carrières.
5-13	Cochin (r.).........	r. Pascal	r. de Lourcine.
2	Colbert (gal.).......	r. Ne-des-Pet.-Ch......	r. Vivienne.
2	Colbert (r.)........	r. Vivienne..........	r. de Richelieu.
4	Coligny (r. de)......	q. Henri IV.........	b. Morland.
8	Colisée (r. du)......	av. des Ch.-Elysées...	r. du Faub.-St-Hon.
5-13	Collégiale (pl. de la)..	r. des F.-B. St-Marc...	r. Pierre-Lombard.

ARR	VOIES PUBLIQUES.	TENANTS.	ABOUTISSANTS.
4	Colombe (r. de la)	b. Napoléon	r. Chanoinesse.
2	Colonnes (r. des)	r. des Filles-St-Th.	r. Feydeau.
7	Combes (r.)	r. St-Jean	r. Malar.
7	Comète (r. de la)	r. St-Dominique	r. de Grenelle.
14	Command. (av. du)	r. Ne de la Tomb.-Is.	ch. de Servitude.
12	Commerce (r. du)	pl. de l'Eglise	r. de Charenton.
15	Commerce (r. du)	b. de Grenelle	r. des Entrepreneurs.
6	Commerce (pl. du)	r. St-André-des-Arts	r. de l'Ecole-de-Méd.
3	Commines (r.)	r. St-Louis	b. des Filles-du-Calv.
19	Compans (r.)	r. de Paris	r. des Prés.
10	Compiègne (r. de)	boul. Magenta	r. Dunkerque.
8	Concorde (pl. de la)	jardin des Tuileries	Champs-Elysées.
6	Condé (r. de)	r. de l'Odéon	r. de Vaugirard.
8	Conférence (q. d. la)	pt de la Concorde	pt de l'Alma.
9	Conservat. (r. du)	r. Bergère	r. Richer.
4	Constantine (b. de)	r. d'Arcole	pl. du Pal. de Justice.
20	Constantine (r de)	b. des Couronnes	r. des Couronnes.
18	Constantine (r. de)	r. des Cinq-Moulins	r. des Poissonniers.
14	Constantine (r. de)	r. de Médéah	r. du Transit.
8	Constantinople (r. de)	pl. d'Europe	r. du Rocher.
3	Conté (r.)	r. Montgolfier	r. de Breteuil.
6	Conti (q. de)	r. Dauphine	q. Malaquais.
12	Contrescarpe (b.)	pl. Mazas	pl. Bastille.
6	Contresc.-Dauph. (r.)	r. Dauphine	r. St-André-des-Arts.
5	Contrescarp. St-M. (r)	r. des F.-St-Victor	r. Ne Ste-Geneviève.
16	Copernic (r.)	b. de Passy	r. p. de la Plaine.
15	Copreau (r.)	r. Blomet	r. de Vaugirard.
1	Coq-Héron (r.)	r. Coquillière	r. Pagevin.
4	Coq-St-Jean (imp.)	r. de la Verrerie	r. de Rivoli.
1	Coquillière (r.)	r. du Four	r. Croix-des-P.-Ch.
10	Corbeau (r.)	r. Bichat	r. St-Maur.
12	Corbineau (r.)	ch. de la Gare	b. de l'Hôpital.
13	Cordelières (r. des)	r. Pascal	r. du Ch.-de-l'Al.
3	Corderie (pl. de la)	pl. de la Rotonde	r. Dupetit-Thouars.
5	Cordiers (r. des)	r. St-Jacques	r. de Cluny.
16	Corneille (imp.)	av. Despréaux	Auteuil (anc.)
6	Corneille (r.)	pl. de l'Odéon	r. de Vaugirard.
13	Cornes (r. des)	r. du Banquier	r. des Fos.-St-Marcel.
8	Cortot (r.)	r. St-Denis	r. de la Saussaie.
1	Cossonner. (r. d. la)	r. de Sébastopol	r. des Halles Centr.
12	Cotte (r. de)	r. de Charenton	r. du Faub.-St-Antoine.
18	Cottin (pass.)	ch. de Clignancourt	r. de la Fontenelle.
14	Couesnon (r.)	r. de Vanves	r. du Château.
20	Cour des Noues (r. d. l.)	r. Perlet	chaus. des Partants.
20	Courat (r.)	ch. de Ceinture	Charonne (anc.)
8-17	Courcelles (b. de)	r. de Courcelles	r. du Faub.-St-Hon.
8	Courcelles (r. de)	r. de la Pépinière	ch. de Courcelles.
17	Courcelles (r. de)	b. de Courcelles	r. de la Révolte.
20	Couronnes (r. des)	b. de Belleville	r. de Ménilmontant.
8	Cours la Reine (av.)	pl. de la Concorde	chaussée Billy.
1	Courtalon (r.)	r. St-Denis	pl. Ste-Opportune.
7	Courty (r.)	r. de Lille	r. de l'Université.
18	Coustou (r.)	boulev. Pigale	r. Lepic.
4	Coutellerie (r. d. la)	av. Victoria	r. de Rivoli.
3	Coutures-St-G. (r.)	r. de Thorigny	r. Vielle-du-Temple.
6	Crébillon (r. de)	r. de Condé	pl. de l'Odéon.
9	Crétet (r.)	r. Rochart-de-Saron	r. Beauregard-des-M.
4	Crillon (r. de)	b. Morland	r. de l'Orme.
19	Crimée (r. de)	r. de Beaune	r. d'Allemagne.
2	Croissant (r. du)	r. du Sentier	r. Montmartre.
16	Croix Aut. (r. de la)	r. Le Kain	r. Raffet.
12	Croix-Berey (r. de la)	ch. des Meuniers	ch. de la Cr.-Rouge.
16	Cr.-Boiss. (r. de la)	r. de Longchamp	ch. des Bassins.
18	Cr.-de-l'Evang. (c. de)	ch. d'Aubervilliers	r. des Rosiers.
1	Cr.-d.-P.-Champs (r.)	r. Saint-Honoré	pl. des Victoires.
8	Cr.-du-Roul. (r. de la)	r. du Faub.-St-Honoré.	r. de Courcelles.

ARR.	VOIES PUBLIQUES.	TENANTS.	ABOUTISSANTS.
15	Croix-Nivert (r. de la)	pl. de la b. de l'Ecole..	r. de Sèvres.
6	Croix-Rouge (carr)...	r. du Four...	r. de Sèvres.
12	Croix-Rouge (r. de la)	b. de Reuilly.........	fortifications.
13	Croix-Rouge (r. de la)	r. du Chevaleret.......	r. du Ch.-des-Rent.
13	Croulebarbe (r.)....	r. Mouffetard.........	r. du Champ-de-l'Al.
12	Crozatier (r.).......	pl. Rambouillet.......	boul. Mazas.
11	Crussol (r.).........	b. du Temple........	r. Folie-Méricourt.
5	Cujas (r.)..........	pl. du Panthéon......	boul. St-Michel.
13	Culettes (r. des).....	r. Croulebarbe........	r. Gentilly.
4	Cult.-Ste-Cath. (r.)..	r. de Rivoli..........	r. du Parc-Royal.
18	Cure (r. de la).....	pl. de l'Abbaye........	r. de l'Empereur.
19	Curial (r.)..........	r. Riquet............	boul. Macdonald.
5	Cuvier (r.).........	q. St-Bernard.........	r. Geof.-St-Hilaire.
1	Cygne (r. du).......	r. St-Denis...........	r. de Mondétour.
2	Dalayrac (r.).......	r. Méhul.............	r. Monsigny.
17	Dames (r. des)......	Gr. r. des Batignolles.	r. de Lévis.
17	Dames (r. des)......	av. des Ternes........	r. de Courcelles.
2	Damiette (r. de).....	cour des Miracles.....	r. de Bourbon-Villen
14	Danville (r.)........	ancienne r. St-Pierre.	(Montrouge).
8	Dany (imp.).........	r. du Rocher..........	r. Larochefoucauld.
14	Dareau (r.).........	boul. Saint-Jacques ...	route d'Orléans.
5	Daubenton (r.)......	r. Geoff.-St-Hilaire....	r. Mouffetard.
12	Daumenil (av.)......	r. de Lyon...........	pl. de Reuilly.
1	Dauphin (r. du).....	r. de Rivoli..........	r. St-Honoré.
6	Dauphine (r.).......	q. des Grands-Aug....	r. St-André-des-Arts.
1	Dauphine (pl.)......	r. du Harlay.........	pl. du Pont-Neuf.
6	Dauphine (pass.)....	r. Dauphine.........	r. Mazarine.
11	Daval (r.)..........	b. de Beaumarchais...	r. de St-Sabin.
16	David (r.)..........	r. de la Tour.........	r. du Moulin.
20	Davoust (boul.).....	cours Vincennes.......	r. de Bagnolet.
17	Davy (r.)...........	avenue St-Ouen.......	r. Balagny.
3	Debelleyme (r.).....	r. de Turenne........	r. de Bagnolet.
16	Decamps (r.)........	r. de Lonchamp	ch. des Bassins.
1	Déchargeurs (r. d.)..	r. de Rivoli..........	r. St-Honoré.
14	Decrès (r.)..........	r. de la Procession....	r. du Transit.
2	Degrés (r. des)......	r. Beauregard........	r. de Cléry.
18	Dejean (r.).........	r. des Poissonniers....	ch. de Clignancourt.
20	Delaître (r.)........	r. des Panoyaux......	r. de Ménilmontant.
14	Delambre (r.).......	b. d'Enfer...........	r. du Montparnasse.
16	Delaroche (r.).......	r. Vital..............	pl. Possoz.
1	Delorme (gal.)......	r. de Rivoli..........	r. St-Honoré.
9	Delta (r.)..........	r. du Faub.-Poissonn..	r. Rochechouart.
16	Demi-Lune (r. de la)	r. de Billancourt......	route de Versailles.
17	Demours (r.).......	r. de la Chaumière. ..	r. de Courcelles.
10	Denain (r. de)......	b. de Magenta........	r. de Dunkerque.
20	Dénoyez (r.)........	r. de Paris...........	r. de l'Orillon.
14	Deparcieux (r.)......	r. du Ch.-d'Asile......	r. de la Pépinière.
14	Départ (r. du)......	boul. Montparnasse...	boul. de Vanves.
18-19	Département (r. du)..	r. de l'Isly...........	Gr. r. de la Chapelle.
13	Dervilliers (r.)......	r. du Champ-de-l'All..	r. des Anglaises.
4	Desaix (q.).........	p^t Notre-Dame........	p^t au Change.
15	Desaix (r.)..........	av. de Suffren........	ch. de Grenelle.
16	Désaugiers (r.)......	r. Molière............	r. du Buis.
16	Desbordes-Valmore (r.)	r. Ste-Claire..........	r. de la Tour.
5	Descartes (r.).......	r. de la Mont.-Ste-G...	r. des Fossés-St-Vict.
17	Descombes (r.)......	r. de Louvain........	route de la Révolte.
10	Désir (pass. du).....	r. du Faub.-St-Martin.	r. du Faub.-St-Denis.
20	Désirée (r.).........	ch. des Partants......	r. des Poiriers.
15	Desnouettes (r.).....	r. de Vaugirard.......	fortifications.
16	Despréaux (av.).....	r. Boileau............	av. Molière.
14	Desprez (r.).........	r. de Constantine......	r. de l'Ouest.
17	Desrenaudes (r.)....	b. de Courcelles......	r. des Dames.
1	Deux-Boules (r. des).	r. des Lavandières....	r. Bertin-Poirée.
1	Deux-Écus (r. des)..	r. Prouvaires.........	r. de Grenelle.
1	Deux-Lions (imp. des)	boul. Jourdan.	

ARR.	VOIES PUBLIQUES.	TENANTS.	ABOUTISSANTS.
13	Deux-Moulins........	b. de la Gare.........	b. de l'Hôpital.
4	Deux-Ponts.........	q. de Béthune........	q. d'Anjou.
4	Deux-Portes........	r. de Rivoli	r. de la Verrerie.
2	Deux-Portes-S.-Sauv.	r. du Petit-Lion.......	r. Thévenot.
10	Deux-Sœurs.........	faub. Montmartre	r. Lamartine.
18	Diard (r.)...........	r. Marcadet..........	r. de la Butte.
17	Docteur (r. du)......	ch. des Bœufs........	fortifications.
5	Domat (r.).........	r. des Anglais........	r. St-Jacques.
15	Dombasle (r.).......	Gr. r. de Vaugirard...	r. du Transit.
16	Dôme (r. du)........	r. du Bel-Air.........	av. de S.-Cloud.
16	Donizetti (r.).......	r. de la Fontaine......	r. Neuve.
9	Douai (r. de).......	r. Pigalle............	ch. la barr. Blanche.
10	Douane (r. de la)....	r. de Bondy..........	q. de Valmy.
18	Doudeauville (r.)....	Grande-Rue de la Ch..	r. des Poissonniers.
6	Dragon (cour du)....	r. de l'Egout.........	r. du Dragon.
6	Dragon (r. du)......	rue Taranne..........	r. du Four-S.-G.
19	Drouin-Quentin (r.)..	r. de Meaux..........	b. la Butte-Chaum.
19	Drouot (r.)..........	b. Montmartre........	r. de Provence.
10	Dubail (pas.)........	r. des Vinaigriers.....	F. St-Martin.
4	Ducolombier (r.).....	r. St-Antoine.........	r. Dormesson.
14	Ducouëdic (r.)......	r. de la Tombe-Issoir..	route d'Orléans.
20	Duée (r. de la)......	r. de Calais..........	r. des Pavillons.
6	Duguay-Trouin (r.)..	r. de l'Ouest.........	r. de Fleurus.
15	Duguesclin (r.)......	r. de Bayard.........	r. Dupleix.
15	Dulac (pass.)........	r. de Vaugirard.......	r. des Fourneaux.
17	Dulong (r.)..........	r. des Dames.........	r. Cardinet.
13	Duméril (r.)........	boul. St-Marcel.......	boul. de l'Hôpital.
16	Dumont-Durville (r.)	av. d'Iéna..........	av. du Roi de Rome.
10-11	Dunkerque (r. de)...	pass. de Lafayette.....	r. Rochechouart.
19	Dunkerque (r. de)...	pl. de Lille..........	q. de la Gironde.
13	Dunois (r.).........	boul. de la Gare......	r. de la Croix-Rouge.
9	Duperré (r.)........	pl. de la R.-Montm....	r. Fontaine.
3	Dupetit-Thouars (r.).	pl. de la Rot.-du-T....	r. du Temple.
1	Duphot (r.).........	r. St-Honoré.........	b. de la Madeleine.
6	Dupin (r.)..........	r. de Sèvres.....	r. du Cherche-Midi.
15	Dupleix (r.).........	av. Suffren..........	ch. de l'École-Milit.
3	Dupuis-Béranger(r.).	r. Dupetit-Thouars....	r. Béranger.
6	Dupuytren (r.)......	r. de l'École de Méd...	r. Monsieur-le-Prince.
7	Duquesne (av.)......	q. d'Orsay...........	av. de Ségur.
11	Duranti (r.).........	r. St-Maur..........	r. Folie-Ragnault.
18	Durantin (r.).......	r. du Vieux Chemin...	r. Lepic.
8	Duras (r. de).......	r. du Faub.-St-Honoré.	r. Marché-d'Aguess.
20	Duris (r.)..........	r. des Amandiers.....	r. des Cendriers.
7	Duroc (r.)..........	b. des Invalides.......	pl. de Breteuil (anc.)
15	Dutot (r.)...........	pl. d'Alleray..........	r. de la Procession.
7	Duvivier (r.)........	r. de Grenelle........	av. de la Mothe-Piquet.
7	Eblé (r.)	b. des Invalides......	av. de Breteuil.
6	Echaudé-St-G. (r.)...	r. de Seine..........	pl. Gozlin.
1	Echelle (r. de l').....	r. de Rivoli..........	r. St-Honoré.
10	Echiquier (r. de l')..	r. du Faub.-St-Denis..	r. du Faub.-Poissonn.
10	Ecluses-St-Martin (r.)	r. Grange-aux-Belles..	faub.-St-Martin.
1	Ecole (pl. de l').....	q. de l'École.........	r. d. Prêt.-St-G.-l'Aux.
1	Ecole (q. de l')......	p^t Neuf.............	q. du Louvre.
6	Ecole-de-Méd. (r.)...	b. Sébastopol.........	r. de Buci.
6	Ecole-de-Méd. (pl.)..	r. de l'Ecole de Méd...	r. A-Dubois.
5	Ec.-Polyt. (r. de l')..	r. des Sept-Voies......	r. de la M^e-Ste-Genev.
5	Ecoles (r. des)......	r. St-Nicolas-du-Ch....	b. Saint-Michel.
5	Ecosse (r. d').......	r. St-Hilaire..........	r. du Four.
4	Ecouffes (r. des)....	r. du Roi-de-Sicile.....	r. des Rosiers.
8	Ecuries-d'Art. (r.)...	r. d'Angoulême-St-H...	r. du Faub.-St-Hon.
4	Eginhard (r.).......	r. St-Paul............	r. Charlemagne.
17	Eglise (pl. de l')....	r. de l'Eglise..........	Batignolles (anc.)
12	Eglise (pl. de l')....	r. de Bercy......... .	r. du Commerce.
15	Eglise (pl. de l')....	r. Blomet.............	Vaugirard (anc.)
19	Eglise (pl. de l')....	r. de Bordeaux.......	Villette (anc.).

ARR.	VOIES PUBLIQUES.	TENANTS.	ABOUTISSANTS.
16	Eglise (r. de l').....	r. Basse..............	Passy (anc.)
6	Egout (r. de l').....	r. Gozlin.............	r. du Four.
20	Elisa Borey (r.).....	r. des Amandiers......	Buttes.
1	Elysée r. de l')......	av. Gabriel...........	faub. St-Honoré.
15	Emeriau (r.)........	r. Chabrol............	r. Linois.
16	Emper. (av. de l')...	pl. du Roi-de-Rome...	p. Dauphine.
3	Enf.-Rouges (r.)....	r. Pastourelle	r. Portefoin.
14	Enfer (av. d')	r. Campagne 1re.......	b. d'Enfer.
5-1-14	Enfer (r. d')........	r. Soufflot...........	b. d'Enfer.
14	Enfer (b. d')........	b. Montparnasse.......	r. d'Enfer.
10	Enghien (r. d')......	r. du Faub.-St-Denis...	r. du Faub.-Poissonn.
10	Entrepôt (r. de l')...	r. du Faub.-du-Temple.	r. de Lancry.
17	Entrepôt (r. de l')...	r. Cardinet...........	fortifications.
15	Entrepren. (r. des)..	q. de Javel...........	r. de la Croix-Nivert.
20	Envierges (r.).......	r. Piat...............	r. de la Mare.
5	Epée-de-Bois (r. de l')	r. Gracieuse..........	r. Mouffetard.
6	Eperon (r. de l')....	r. St-André-des-Arts...	r. du Jardinet.
17	Epinettes (r. des)...	ch. des Bœufs........	ch. de fer.
12	Erard (r.)..........	r. de Charenton.......	r. de Reuilly.
6	Erfurth (r. d')......	égl. St-Germ.-d.-Prés..	r. Gozlin.
16	Erlanger (r.)........	Grande-Rue d'Auteuil..	pl. de l'Exposition.
20	Ermitage (r. de l')...	r. de Ménilmontant....	r. St-Martin.
18	Ernestine (r.).......	r. Doudeauville.......	r. Marcadet.
13	Espérance (r. de l')..	Butte-aux-Cailles.....	r. de la Colonie.
7	Esplan. des Invalides.	dev. l'hôtel des Invalides	
13	Esquirol (r.)........	place d'Ivry..........	r. des Deux-Moulins.
5	Essai (r. de l')......	r. Poliveau...........	marché aux Chevaux.
19	Est-Pradier (r.).....	r. St-Laurent.........	boul. Puebla.
7	Estrées (r. d').......	b. des Invalides.......	pt. de Fontenoi.
17	Etoile (cité de l')....	pl. de l'Arc-de-Triom..	r. des Acacias.
2	Etoile (imp. de l')...	r. Thévenot...........	r. de l'Hôtel-de-Ville.
4	Etoile (r. de l')......	q. des Ormes.........	r. des Acacias.
17	Etoile (r. de l').....	b. de l'Etoile.........	cour des Miracles.
20	Eupatoria (r.).......	r. des Couronnes.....	r. de la Mare.
8	Europe (pl. de l')....	r. de Berlin..........	r. de Londres.
1	Evêque (r. de l').....	r. des Frondeurs......	r. des Orties.
16	Eylau (pl.)..........	av. d'Eylau...........	av. Bugeaud.
16	Eylau (av. d').......	pl. de l'Etoile.........	r. Porte-Muette.
7	Fabert (r.)..........	q. d'Orsay............	r. de Grenelle.
16	Faisanderie (r. de la)	av. d'Eylau...........	av. Bugeaud.
4	Fauconnier (r. du)..	r. du Figuier.........	r. Charlemagne.
18	Fauvet (pass.).......	r. des Couronnes......	r. Cavé.
18	Fauvet (r.)..........	r. des Carrières......	av. de St Ouen.
2	Favart (r.)..........	r. Grétry.............	b. des Italiens.
15	Favorites (p. des)....	r. de Vaugirard.......	rond-p^t des Tourn.
6	Félibien (r.)........	r. Clément...........	r. Lobineau.
17	Félicité (r. de la)....	route d'Asnières......	r. de la Santé.
4	Femme-S.-Tête (r.)..	r. St-Louis..........	q. de Bourbon.
9	Fénelon (cité).......	r. N^e des Martyrs.....	r. de la Tour-d'Auv.
15	Fenoux (r.).........	pl. de l'Eglise........	r. Groult d'Arcy.
5	Fer-à-Moul. (r. du)..	r. de Fossés-St-Marc..	r. Mouffetard.
3	Ferd. Berthoud (r.)..	r. Montgolfier........	r. Vaucanson.
14	Fermat (r.).........	r. du Ch. d'Asile......	r. de la Pépinière.
15	Ferme (r. de la).....	av. Suffren...........	av. Lamotte-Piquet.
8-9	Ferme-d.-Math. (r.)..	r. Saint-Nicolas.......	r. Basse-du-Rempart
10	Ferme-St-Lazare....	b. Magenta...........	r. de Chabrol.
17	Fermiers (r. des) ..	route d'Asnières......	r. de la Santé.
6	Férou (r.)..........	pl. St-Sulpice.........	r. de Vaugirard.
1	Ferronnerie (r. de la)	r. St-Denis...........	r. des Déchargeurs.
14	Ferrus (r.).........	av. du Petit-Château..	à Bercy (anc.)
19	Fessart (r.).........	r. de la Villette......	r. de Meaux.
5	Feuillantines (r. d.)..	r. de l'Arbalète.......	r. St-Jacques.
10	Feuillet (pass.)......	r. des Ecluses St-M....	q. Valmy.
18	Feutrier (r.)........	r. St-André..........	r. Muller.
2	Feydeau (r.)........	r. Montmartre........	r. de Richelieu.

ARR.	VOIES PUBLIQUES.	TENANTS.	ABOUTISSANTS.
10	Fidélité (r. de la)...	r. du Faub.-St-Martin..	r. du Faub.-St-Denis.
4	Figuier (r. du)......	r. de l'Hôtel-de-Ville...	r. Charlemagne.
2	Filles-Dieu (r. des)..	r. St-Denis...........	r. de Bourbon-Villen.
3	Filles-du-Calv. (r.)..	r. Turenne..........	b. des Filles-du-Calv.
2-3	Filles-du-Calv. (b.)..	r. du Pont-aux-Choux.	r. Ménilmontant.
2	Filles-St-Th. (r. d.)..	r. Vivienne..........	r. Richelieu.
19	Flandre (r. de)......	b. de la Villette..... .	fortifications.
16	Flandrin (boul.)....	boul. de l'Empereur...	r. du Puits-Art.
9	Fléchier (r.)........	r. Ollivier............	r. du Faub.-Montmart.
17	Fleurs (cité des)....	r. Balagny............	Batignolles (anc.).
6	Fleurus (r. de)......	r. Bonaparte	r. N.-D.-des-Champs.
18	Fleury (r.)..........	b. de la Chapelle......	r. de la Charbonnière.
19	Florence (r. de).....	r. Lauzin............	Belleville (anc.).
3	Foin (r. du).........	r. Ch.-des-Minimes....	r. Turenne.
11	Folie-Méricourt (r.)..	r. Ménilmontant.......	r. Fontaine-au-Roi.
11	Folie-Regnault (r.)..	r. de la Muette.......	r. des Amandiers.
15	Fondary (r.)........	r. de Lourmel........	r. de la Croix-Nivert.
12	Fonds-Verts (r. d.)..	r. du Commerce......	r. de Charenton.
13	Font. à Mulard (r.)..	r. Butte-aux-Cailles...	r. du Pot-au-Lait.
11	Font.-au-Roi (r.)...	r. du Faub.-du-Temple.	r. St-Maur.
18	Font.-du-But (r.)....	r. des Brouillards.....	ch. des Bœufs.
1	Fontaine-Molière (r.)	r. St-Honoré........	r. du Hasard.
9	Font.-St-Georg. (r.)..	r. Chaptal.......	pl. de la bar. Blanche.
5	Fontaine S-Marcel (r.)	r. Daubenton.........	r. du Puits-de-l'Ermit.
1	Fontaines (cour des).	r. des Bons-Enfants ..	r. de Valois.
3	Fontaines du Temple.	r. du Temple.........	r. Volta.
17	Font.-d.-Ternes (r.).	r. de Louvain.........	fortifications.
3	Fontaines (r. des)...	r. du Temple.........	r. Volta.
17	Fontaines (r. des)...	r. Decombes....... ...	r. de la Font.-d.-T.
13	Fontainebleau (r.)...	b. d'Ivry.......... ..	fortifications.
5	Fontanes (r. de) ...	b. St-Germain.........	r. des Ecoles.
20	Fontarabie (r. de)...	r. de Paris..........	r. de la Voie.
18	Fontenelle (r. de la)..	ch. de Clignancourt...	r. des Rosiers.
7	Fontenoy (pl. de) ..	av. de Lowendal......	av. de Saxe.
16	Fontis (r. des)......	r. de l'Assomption....	sentier de la Glacière.
18	Forest (r.).	boul. Clichy..........	r. Capron.
3	Forez (r. du).......	r. Charlot...........	r. Beaujolais.
2	Forges (r. des).....	r. de Damiette........	pl. du Caire
13	Fortin (avenue).....	r. de la Tripière......	route de Choisy.
8	Fortin (r.).........	r. de Ponthieu........	r. des Ecuries-d'Art.
5	Fossés St-Bernard...	q. Saint-Bernard	r. Saint-Victor.
1	Fossés St-Ger.-l'Aux..	r. de Rivoli..........	pl. du Louvre.
5	Fossés St-Jacques....	r. Saint-Jacques.. ...	r. des Postes.
5	Fossés St-Victor.....	r. Saint-Victor.......	r. Thouin.
21	Fossés du Temple ...	r. Oberkampf....... ..	b. du Prince-Eugène.
5	Fouarre (r. du).....	r. de la Bûcherie......	r. Galande.
6	Four-St-Germain (r.)	carr. de l'Abbaye......	carr. de la Croix-Rouge
5	Four-St-Jacques (r.).	r. des Sept-Voies......	r. d'Ecosse.
4	Fourcy-St-Ant. (r.)..	r. de Jouy...........	r. St-Antoine.
15	Fourneaux (b. des)..	av. et ch. du Maine...	r. des Fourneaux.
15	Fourneaux (ch. des).	b. d'Issy............	route du Transit.
15	Fourneaux (r. des)..	r. de Vaugirard.......	ch. du Maine.
17	Fourniat (r.).......	b. de Monceaux.......	r. de Chazelles.
1	Fourreurs (r. des)..	r. des Lavandières.....	r. des Déchargeurs.
2	Française (r.).......	r. Mauconseil.........	r. du Petit-Lion.
18	France-Nouv. (r.)..	b. des Poissonniers...	pl. Belhomme.
17	Francfort (r. de)....	r. Bienfaisance.	r. de M. Beaujon.
8	François Ier (pl.).....	r. de Bayard..........	r. Jean-Goujon.
8	François Ier (r.)	cours-la-Reine....... .	b. de l'Alma.
4	Franç. Miron.......	à St-Gervais.	r. Fourcy.
18	Francs-Bourg. (r.d.)..	r. d'Aubervilliers......	grande r. de la Chap.
3-4	Fr.Bourg.-au-M. (r.).	r. Pavée et Payenne....	r. Vieille-du-Temple.
5-13	Fr.-Bourg.-St-Marc..	r. des Fossés-St-Marc..	p. de la Collégiale.
18	Fr.-Bourgeois (ch.)..	Grande-Rue...........	r. d'Aubervilliers.
16	Franklin (r.).......	b. de Longchamp......	r. Benj.-Delessert.
15	Frémicourt (r.).....	pl. de la barr. de l'Ec..	r. du Commerce.

1..

ARR.	VOIES PUBLIQUES.	TENANTS.	ABOUTISSANTS.
14	Friant (r.).........	r. de Chatillon........	boul. Brune.
8	Friedland (av.).....	r. des Ecuries d'Arl...	pl. de l'Etoile.
9	Frochot (r.)........	r. Laval..............	r. Pigalle.
3	Froissart (r.).......	r. Ne Ménilmontant....	r. Turenne.
5	Fromentel (r.)......	r. Chartières..........	r. du Cimetière-St-B.
1	Frondeurs (r. des)..	r. St-Honoré..........	r. de l'Evêque.
13	Fulton (r.).........	q. d'Austerlitz........	r. de la Gare.
6	Furstemberg (r.)...	r. Jacob..............	r. de l'Abbaye.
8	Gabriel (avenue)....	pl. de la Concorde.....	av. Matignon.
18	Gabrielle (r.)........	pl. Nouvelle..........	r. du Vieux-Marché.
9	Gaillard (cité)......	r. Léonie.............	r. Blanche.
2	Gaillon (r.)........	r. Ne-des-Pet.-Champs.	r. Ne-St-Augustin.
14	Gaîté (r. de la).....	r. du Chemin de fer....	chaus. du Maine.
5	Galande (r.)........	pl. Maubert...........	r. St-Jacques.
8-16	Galilée (r.).........	anc. r. du Chemin de Versailles.	
20	Galleron (r.)........	r. du Château........	r. St-Germain
12	Gallois (r.)..........	port de Bercy.........	r. de Bercy.
17	Galvani (r.)........	r. de l'Arcade.........	r. de la Révolte.
11	Gambey (r.)........	r. de Ménilmontant....	r. d'Angoulême.
6	Garancière (r.)......	r. St-Sulpice..........	r. de Vaugirard.
18	Gardes (r. des).....	r. des Couronnes.....	r. de Constantine.
18	Gare (b. de la).....	q. d'Austerlitz........	route de Choisy.
13	Gare (q. de la)......	pt de Bercy...........	fortifications.
13	Gare (r. de la).....	ch. de r. de la Gare...	b. de l'Hôpital.
18	Gare (r. de la).....	r. du Nord...........	Gr. r. de la Chapelle.
18	Gareau (r.)	r. du Vieux-Chemin...	r. Durantin.
20	Gasnier-Guy (r.).....	r. des Partants........	ch. de Oiseaux.
17	Gauthey (r.)........	r. des Couronnes.....	r. de Constantine.
8	Gautrin (pas.)......	r. Marignan..........	r. Marbœuf.
5	Gay-Lussac (r.).....	boul. St-Michel.......	r. des Feuillantines.
13	Gaz (r. du).........	b. d'Ivry............	r. des Champs.
13	Génie (r. du).......	r. de Fontainebleau...	r. du Bel-Air.
14	Gentilly (r. de).....	ch. des Prêtres.......	r. de la Tombe-Issoire.
13	Gentilly-St-M. (r.)...	r. Mouffetard.........	b. des Gobelins.
4	Geoffroy-l'Angevin(r.)	r. du Temple........	r. Beaubourg.
4	Geoffroy-Lasnier (r.).	q. de la Grève........	r. St-Antoine.
9	Geoffroy-Marie (r.)..	r. du Faub.-Montm....	r. Richer.
5	Geoffroy-St-Hil.(r.)..	r. du Fer-à-Moulin....	r. Cuvier.
14	Géorama (r. du)....	ch. du Maine.........	r. du Terrier-aux-L.
13	Gérard (r.).........	b. d'Italie...........	r. de la Butte-aux-C.
15	Gerbert (r.)........	r. Blomet............	r. de Vaugirard.
11	Gerbier (r.)........	r. Folie-Regnault.....	r. de la Roquette.
16	Géricault...........	r. de La Fontaine.....	r. Poussin.
18	Germain-Pilon (r.) ..	boul. Pigalle..........	r. de la Cure.
5	Gerson (pl.)........	r. St-Jacques..........	r. Gerson.
5	Gerson (r.).........	pl. Gerson............	pl. Sorbonne.
4	Gesvres (q. de)......	r. St-Martin...........	pont au Change.
15	Ginoux (r.).........	r. de Grenelle.........	r. Traversière.
19	Gironde (q. de la)...	gare Circulaire.......	Villette (anc.)
6	Gît-le-Cœur (r.).....	q. des Gr.-Augustins .	r. St-André-des-Arts.
13	Glacière (r. de la)...	r. de Lourcine........	b. d'Italie.
16	Glacière (r. de la)...	r. des Vignes.........	r. de l'Assomption.
13	Gobelins (r. des)....	r. Mouffetard.........	rivière de Bièvre.
13	Godefroy (r.).......	r. de la b. d. Gobelins.	pl. de la bar. d'Italie.
9	Godot-de-Mauroy (r.).	r. Basse-du-Rempart..	r. Ne-des-Mathurins.
18	Godeler (cité).......	av. Montaigne........	r. Marbœuf.
1	Gomboust (r.)......	r. St-Roch............	pl. du Marc.-St-Honoré
12	Gondi (ruelle).......	r. de Charenton	ch. des Meuniers.
18	Goutte-d'Or (r. de la).	r. des Couronnes.....	r. des Poissonniers.
17	Gouvion-St-Cyr (b.)..	porte de la Révolte....	porte de Neuilly.
6	Gozlin (r.)..........	r. de l'Egout.........	pl. Gozlin.
5	Gracieuse (r.).......	r. d'Orléans-St-Marcel.	r. de Lacépède.
2	Grammont..........	r. Ne-St-Augustin......	b. des Italiens.
2	Grand-Cerf (p. du)...	r. Saint-Denis.........	r. des Deux-Portes.
3	Grand-Chantier (r. du)	r. des Quatre-Fils.....	r. Pastourel.

ARR.	VOIES PUBLIQUES.	TENANTS.	ABOUTISSANTS.
11	Grand-Prieuré (r. du)	r. Crussol	r. Rampon.
10	Grand-St-Michel (r.).	q. Valmy	r. St-Martin.
16	Grande Armée (av.).	pl. de l'Étoile	porte de Neuilly.
6	Grande Chaumière (r.)	r. N.-D.-des-Champs	b. Montparnasse.
1	Gr.-Truanderie (r.).	r. St-Denis	r. Montorgueil.
16	Grande-Rue Auteuil.	r. Boileau	b. Murat.
17	Grande-Rue Batign.	b. des Batignolles.	av. de Clichy.
12	Grande-Rue Bercy.	b. de Bercy	r. Grange-aux-Merc.
18	Grande-Rue Chapelle	pl. de la Chapelle	porte de la Chapelle.
16	Grande-Rue Passy.	carref. de la Montagne.	ch. de la Muette.
15	Grande-Rue Vaugir.	b. de Vaugirard	porte de Versailles.
18	Gr. Carrières (r. des).	r. de Maistre	chemin des Bœufs.
6	Gr.-Augustins (q. des)	pl. du Pt-St-Michel	r. Dauphine.
6	Gr.-Augustins (r. des)	q. des Gr.-Augustins.	r. St-André-des-Arts.
5	Grands-Degrés (r. des)	q. de la Tournelle	r. du Haut-Pavé.
10	Grange-aux-B. (r.).	q. de Jemmapes	boul. la Villette.
9	Grange-Batelière (r.)	r. du Faub.-Montmartre.	r. Chauchat.
3	Gravilliers (r. des).	r. du Temple	r. St-Martin.
8	Greffulhe (r.)	r. Castellane	r. Nve-d.-Mathurins.
6	Grégoire-d.-Tours (r.)	r. de Buci	r. des Quatre-Vents.
15	Grenelle (b. de)	av. de la Motte-Piquet.	r. de Grenelle.
15-15	Grenelle (q. de)	b. de Javel	pt-de-Grenelle.
1-7	Grenelle-St-G. (r.)	carr. de la Cr.-Rouge.	av. de la Bourdonnaye
1	Gren.-St-Hon. (r.)	r. St-Honoré	r. Coquillière.
2-3	Gréneta (r.)	r. St-Martin	r. St-Denis.
3	Grenier-St-Laz. (r.).	r. Beaubourg	r. St-Martin.
4	Gren.-sur-l'Eau (r.).	r. Geoffroy-Lasnier	r. des Barres.
2	Grétry (r.)	r. Favart	r. Grammont.
16	Greuze (r.)	b. de Longchamp	r. de la Croix.
4	Grève (q. de la)	r. Geoffroy-Lasnier	pl. de l'Hôtel-de-Ville.
7	Gribeauval (r. de).	p. St-Thomas-d'Aquin.	r. du Bac.
5	Gril (r. du)	r. Censier	r. d'Orléans.
16	Gros (r.)	Rond-point du Pont.	r. de la Fontaine.
15	Groult-d'Arcy (r.)	r. de Sèvres	Gr.-Rue de Vaugirard
18	Gué (r. du)	Grande-r. de la Chap.	r. du Nord.
6	Guénégaud (r.)	q. de Conti	r. Mazarine.
3-2	Guérin-Boisseau (r.).	r. de Palestro	r. St-Denis.
16	Guichard (r.)	pl. Possoz	Gr.-R. de Passy.
20	Guignier (r. du)	r. St-Martin	r. des Rigoles.
4	Guillaume (r.)	q. d'Orléans	r. St-Louis.
14	Guilleminot (r.)	r. de l'Ouest	r. St-Louis.
4	Guillemites (r. des).	r. des Blancs-Mant.	r. de Paradis.
16	Guillou (r.)	r. du Ranelagh.	r. Basse.
6	Guisarde (r.)	r. Mabillon	r. des Canettes.
17	Guttin (pas.)	av. de Clichy	fortifications.
5	Guy-de-la-Brosse (r.)	r. Jussieu	r. Linné.
10	Guy-Patin (r.)	boul. Magenta	boul. La Chapelle.
17	Guyot (r.)	b. de Neuilly	r. de Courcelles.
20	Haies (r. des)	r. de Montreuil	r. Courat.
9	Halévy (r.)	boulev. des Capucines.	
14	Halles (r. des)	r. St-Denis	r. Lavandières-Ste-Opp.
1	Hallé (r.)	r. de la Tombe-Issoire.	av. du Commandeur.
5	Halle-aux-Cuirs (r. d.).	r. Censier	r. du Fer à Moulin.
8	Hambourg (r. de)	r. d'Amsterdam	r. de Valois.
15	Hameau (r. du)	r. Notre-Dame	fortifications.
2	Hanovre (r. de)	r. de Choiseul	r. du Port-Mahon.
3	Harlay-au-Mar. (r.).	b. de Beaumarchais	r. St-Claude.
1	Harlay-au-Pal. (r.).	q. de l'Horloge	q. des Orfèvres.
13	Harvey (r.)	r. Nationale	r. du ch. des Rentiers.
19	Hassard (r.)	r. du Plateau	r. d. Petits-Chaum.
8	Haussmann (b.)	r. Caumartin	av. Friedland.
5	Haut-Pavé	q. Montebello	r. des Gr.-Augustins.
20	Hautes-Gatines	r. de Charonne	r. des Champs.
20	Hautes-Vignoles	b. de Charonne	pl. de la Réunion.
6	Hautefeuille (r.)	pl. St-André-des-Arts.	r. de l'Ecole-de-Méd.

ARR.	VOIES PUBLIQUES.	TENANTS.	ABOUTISSANTS.
10	Hauteville (r. d').....	b. Bonne-Nouvelle.....	pl. de Lafayette.
19	Hautpoul (r. d').....	r. d'Allemagne........	r. de Paris.
9	Havre (pass. du).....	r. de Caumartin.......	r. St-Lazare.
8-9	Havre (r. du).......	r. St-Nicolas-d'Antin...	r. St-Lazare.
17	Havre (r. du).......	r. Lebouteux..........	r. d'Orléans.
19	Haxo (r.)...........	r. du Chemin-Neuf....	boul. Serrurier.
1	Hazard (r. du)......	r. de la Fontaine-Mol..	r. Ste-Anne.
18	Hébert (pl.)........	r. d'Aubervilliers.....	r. des Rosiers.
9	Helder (r. du)......	b. des Italiens........	r. Lemercier.
17	Hélène (r.).........	Grande-r. des Bat......	r. Taitbout.
13	Hélène-Gauthier (r.).	r. de la Santé.........	r. de Palmyre.
20	Henri-Chevreau.....	ch. Ménilmontant.....	r. de la Mare.
15	Henrion-d.-Pansey(r.)	r. de la Procession....	r. du Moulin-de-la-V.
4	Henri Quatre (q.)...	b. Morland...........	q. des Célestins.
15	Héricart (r.)........	pont de Grenelle......	pl. St-Louis.
18	Hermel (r.).........	r. des Portes-Blanche..	dans les champs.
16	Hérold (r.).........	av. de Boulainvilliers .	r. Molière.
15	Herr (r.)...........	r. de l'Eglise.........	r. de Javel.
6	Hirondelle (r. de l')..	pl. du Pt-St-Michel.....	r. Git-le-Cœur.
16	Hoche (r.)..........	r. Kléber.............	r. Duguesclin.
11	Holzbacher (cité)....	r. des Trois-Bornes ...	r. Fontaine-au-Roi.
4	Homme-Armé(r. de l')	r. Ste-Croix-de-la-Br...	r. des Blancs-Mant.
6	Honoré-Chevalier (r.)	r. Bonaparte..........	r. Cassette.
5-13	Hôpital (b. de l')....	pl. Walhubert.........	pl. de la barr. d'Italie
10	Hôp.-St-Louis (r. de l')	r. Grange-aux-Belles..	q. Jemmape.
1	Horloge (q. de l')...	pt-au-Change..........	pont Neuf.
4	Hospit.-St-G. (r. des).	r. des Rosiers........	r. des Fr.-Bourgeois.
5	Hôtel-Colbert (r. de l')	q. Montebello....... .	r. Galande.
4	Hôtel-de-V.(pl. d. l')..	q. le Pelletier.........	Batignolles (anc.)
17	Hôtel-de-V.(r. de l')..	b. des Batignolles......	pl. de Lafayette.
20	Houdard (r.)........	r. des Amandiers......	r. de Mogador.
18	Houdon (r.)........	q. de l'Oise.	r. de Flandre.
5	Huchette (r. de la)...	r. du Petit-Pont.......	r. de la Harpe.
14	Humboldt (r.)......	r. de la Santé........	r. du Faub.-St-Jacques.
16	Iéna (av. d')........	pl. de l'Etoile.........	boul. de l'Empereur.
2	Iéna (r.)...........	q. d'Orsay............	r. de Grenelle.
4	Ile-Louviers (r. de l').	q. Henri IV...........	boul. Morland.
16	Impératrice (av. de l')	pl. de l'Arc-de-Triomp.	bois de Boulogne.
18	Impératrice (r. de l').	r. Biron..............	r. Lécuyer.
10	Industrie (p. de l')...	r. du Faub.-St-Martin..	r. du Faub.-St-Denis.
15	Industrie (p. de l')..	r. des Marais..........	r. de Sèvres.
16	Ingres (av.)........	b. de la Reine-Hort...	porte de Passy.
1	Innocents (sq.)......	r. aux Fers...........	r. St-Denis.
1	Innocents (r. des)...	r. St-Denis...........	r. de la Lingerie.
7	Invalides (b. des)...	r. de Grenelle-St-Germ..	r. de Sèvres.
7	Invalides (pl. des)...	r. de Grenelle........	à l'Esplanade.
5	Irlandais (r. des)....	r. de la Vieill.-Estrap..	r. des Postes.
8	Isly (r. de l').......	r. du Havre...........	r. de l'Arcade.
13	Italie (b. d')........	pl. d'Italie...........	pl. du Maroc.
13	Italie (pl. d').......	r. Mouffetard.........	r. de la Santé.
2-9	Italiens (b. des).....	r. de Richelieu........	boul. de l'Hôpital.
5	Jacinthe (r.)........	r. des Trois-Portes....	r. Galande.
6	Jacob (r.)..........	r. de Seine......... .	r. des Saints-Pères.
11	Jacquart (r.)........	r. Terneaux..........	r. de Ménilmontant.
4	Jacques-de-Brosse(r.)	q. de Grève..........	r. Pourt. St-Gervais.
6	Jardinet (r. du).....	r. Mignon............	r. de l'Eperon.
12	Jardiniers (r. des)...	r. de Charenton.......	ch. des Meuniers.
16	Jardins (r. des)......	ruelle Ste-Geneviève....	r. des Réservoirs.
4	Jardins (r. des).....	q. St-Paul...........	r. Charlemagne.
4	Jarente (r.).........	r. du Val-Ste-Cather....	r. Culture-Ste-Cather.
15	Javel (q. de)........	p. de Grenelle........	fortifications.
15	Javel (r. de)........	q. de Javel..........	r. Blomet.
6	Jean-Bart (r.).......	r. de Vaugirard.......	r. de Fleurus.
4	Jean-Beau Sire (r.)..	b. Beaumarchais......	r. St-Antoine.

ARR.	VOIES PUBLIQUES.	TENANTS.	ABOUTISSANTS.
5	Jean-de-Beauvais (r.)	r. des Noyers........	r. Saint-Hilaire.
16	Jean-Bologne (r.)...	r. Basse..............	Passy (anc.)
1-8	Jean-Goujon (r.). ..	av. d'Antin...........	av. Montaigne.
1	J.-J.-Rousseau (r.)...	r. Coquillière........	r. Montmartre.
1	Jean-Lantier (r.)....	r. St-Denis...........	r. Bertin-Poirée.
18	Jean-Robert (r.).....	r. Doudeauville.......	r. Marcadet.
1	Jean-Tison (r.)......	r. de Rivoli.........	r. Bailleul.
15	Jeanne (r.).........	r. de la Procession....	ch. des Fourneaux.
13	Jeanne-d'Arc (r.)....	r. d'Orléans....... ..	pl. de la Promenade.
13	Jeanne-d'Arc (pl.)...	r. Lahire.............	r. Jeanne-d'Arc.
17	Jeanne-d'Asnières (r.)	r. d'Orléans..........	pl. de la Promenade.
10	Jemmapes (q. de)...	pl. de la Bastille......	b. de la Butte-Ch.
18	Jessaint (pl. de).....	b. de la Chapelle......	r. de Jessaint.
18	Jessaint (r. de)......	Gr.-rue de la Chapelle.	r. de la Goutte-d'Or.
11	Jeu-de-Boules (r. du)	r. des Fossés-du-Temp.	r. de Malte.
2	Jeûneurs (r. des)...	r. Poissonnière.......	r. Montmartre.
19	Joinville (cour de)...	q. de l'Oise..........	r. de Flandre.
14	Jolivet (r.).........	b. de Vanves..........	r. de la Gaîté.
13	Jonas (r.)..........	boul. d'Italie.........	r. de la Butte.
2	Joquelet (r.).... ...	r. Montmartre.........	r. N.-D.-des-Victoires.
16	Joséphine (av.).....	pt de l'Alma..........	pl. de l'Étoile.
9	Joubert (r.).........	r. de la Chauss.-d'Ant..	r. de Caumartin.
9	Jouffroy (pass.).....	b. Montmartre........	r. de la Gr.-Batelière.
1	Jour (r. du)........	r. Coquillière.........	r. Montmartre.
14	Jourdan (boul.).....	porte de Gentilly......	porte d'Orléans.
16	Jouvenet (r.).......	r. de Versailles.......	aven. Boileau.
4	Jouy (r. de).........	r. des Nonnains-d'H...	r. St-Antoine
20	Jouye-Rouve (r.). ...	r. Julien-Lacroix......	r. de Paris.
15	Juge (r.)...........	r. Lelong.............	r. Violet.
4	Juifs (r. des)........	r. de Rivoli..........	r. des Rosiers.
20	Juillet (r. de).......	ch. Ménilmontant.....	ch. des Partants.
12	Jules-César (r.).....	r. de Lyon..........	boul. Contrescarpe.
20	Julien-Lacroix (r.)...	sq. Napoléon.	r. de Paris.
13	Julienne (r.)........	r. Pascal........	r. de Lourcine.
2	Jussienne (r. de la)..	r. Pagevin............	r. Montmartre.
5	Jussieu (r. de)......	r. Cuvier.............	pl. St-Victor.
20	Justice (r. de la)....	r. du Chemin-Neuf....	r. de Ménilmontant.
19	Kabylie (r. de).....	boul. de la Villette....	r. d'Isly.
11	Keller (r.)..........	r. de Charonne........	r. de la Roquette.
13	Kellermann (boul.)..	porte d'Italie........	porte de Gentilly.
16	Keppler (r.)	r. Chaillot............	ch. de Versailles.
15	Kléber (r.).........	q. d'Orsay............	av. Suffren.
18	Labat (r.)........ .	ch. de Clignancourt....	r. Marcadet.
8	La Baume (r. de)...	r. de Courcelles.......	av. Perrier.
17	Labie (r.)..........	av. des Ternes........	r. Ste-Marie.
8	La Borde (r.).......	r. du Rocher..........	boul. Haussmann.
8	La Borde (pl.)......	r. La Borde..........	r. Malesherbes.
7	La Bourdonnaye (r.)..	q. d'Orsay............	av. de la Motte-Piq.
7	La Bourdonnaye (av.)	av. de Tourville.......	av. de Lowendal.
9	La Bruyère (r.)	r. N.-D.-de-Lorette.....	r. Pigalle.
5	Lacépède (r.).......	r. Geoffroy-St-Hilaire..	r. Mouffetard.
7	La Chaise (r. de)...	r. de Grenelle.........	r. de Sèvres.
15	Lacretelle..........	anc. r. des Carrières..	Vaugirard.
17	Lacroix (r.).......	av. de Clichy.........	r. Ste-Elisabeth.
12	Lacuée (r.).........	q. de la Rapée........	r. de Bercy.
10	Lafayette (r. de)....	boul. de la Villette....	r. de la Ch.-d'Antin.
10	Lafayette (pas. de)...	r. de Lafayette........	r. d'Hauteville.
10	Lafayette (pl. de)....	r. de Strasbourg......	r. de Lafayette.
9	Laferrière (pas. d.)..	r.-N.-D.-de-Lorette....	r. Bréda.
1-2	La Feuillade (r. de)..	pl. des Victoires......	r. de la Vrillière.
9	Laffitte (r. de).....	b. des Italiens........	r. Ollivier.
16	La Fontaine	r. de l'Assomption....	Grande-Rue.
20	Lagny (r. de).......	b. de Montreuil.......	fortifications.
18	Laghouat (r. de)....	r. des Cinq-Moulins....	r. Léon.

ARR.	VOIES PUBLIQUES.	TENANTS.	ABOUTISSANTS.
5	La Harpe (r. de)....	r. de la Huchette......	boul. St-Germain.
13	La Hire (r.)........	r. Clisson............	pl. Jeanne-d'Arc.
14	Lalande (r.)........	r. du Champ-d'Asile...	r. Larochefoucauld.
9	Lallier (r.).........	av. Trudaine.........	r. Rochechouart.
18	Lamandé (r.).......	r. St-Charles..........	r. d'Orléans.
17	Lamare (r.)....... .	r. de la Chaumière....	r. de l'Arcade.
9	Lamartine (r.)......	r. Cadet..............	r. du Faub.-Montm.
18	Lambert (r.)	r. Nicolet............	r. Lécuyer.
7-15	Lamotte-Piquet (av.)	boul. de la Tour-Maub..	boul. de Grenelle.
12	Lancette (r. de la)..	r. de Charenton.......	Bercy (anc.)
16	Lancret (r.)........	r. de Versailles.......	Auteuil (anc.),
10	Lancry (r.).........	r. de Bondy..........	q. de Valmy.
16	Lannes (boul.)......	r. de la Porte-Muette..	av. de l'Empereur.
5	Laplace (r.)........	r. Mont. Ste-Geneviève.	r. des Sept-Voies.
16	La Perouse (r.).....	av. d'Iéna...........	av. du Roi-de-Rome.
15	La Quintinie (r.)....	r. d'Alleray..........	r. de la Procession.
1	Lard (r. au)........	r. de la Lingerie......	r. des Bourdonnais.
1	La Réale (r. de).....	r. Rambuteau.........	r. de la Gr.-Truander.
1-4	La Reynie (r. de)...	r. St-Martin..........	r. St-Denis.
12	Laroche (r.)........	av. du Petit-Château...	r. Léopold.
9	La Rochefoucault (r.)	r. St-Lazare..........	r. Pigalle.
14	La Rochefoucault (r.)	r. Boulard............	ch. du Maine.
6	Larrey (r.).........	r. du Jardinet........	r. de l'Ecole-de-Méd.
7	Las-Cases (r.)......	r. de Bellechasse......	r. de Bourgogne.
19	Lassus (r.).........	r. de Paris...........	Belleville (anc.)
9	La Tour-d'Auverg. (r.)	r. Rochechouart......	r. des Martyrs.
7	Latour-Maubourg (b.)	q. d'Orsay...........	av. de Tourville.
5	Latran (r. de)......	r. de Beauvais........	r. Thénard.
17	Laugier (r.).........	anc. r. de la Chaumière.	Ternes.
16	Lauriston (r.).......	r. de Longchamp......	pl. de l'Arc-de-Triom.
19	Lauzin (r.)..........	r. St-Laurent.........	Belleville (anc.)
11	La Vacquerie (r. de).	r. Folie-Regnault......	r. de la Roquette.
9	Laval (r.)..........	r. des Martyrs........	r. Pigalle.
5	Lavandières (r. d.)..	pl. Maubert..........	r. des Noyers.
1	Lavand.-St-Opp. (r.)..	r. St-Germain-l'Aux....	r. des Fourreurs.
8	Lavoisier (r.).......	r. d'Anjou-St-Honoré...	r. d'Astorg.
1	La Vrillière (r. de)..	r. Croix-des-Pet.-Ch...	r. N^e-d.-Bons-Enfants.
15	Leblanc (r.)........	q. de Javel..........	r. de Sèvres.
14	Lebouis (r.)........	r. de l'Ouest..........	r. de Vanves.
17	Lebouteux (r.)......	r. de la Santé.........	r. de Lévis.
17	Lechapelais (r.).....	Gr.-r. des Batignolles..	r. Lemercier.
14	Leclerc (r.)...... ...	r. du Faub.-St-Jacques.	b. St-Jacques.
17	Léclusc (r.).........	b. des Batignolles.....	r. des Dames.
17	Lecomte (r.)........	r. d'Orléans..........	r. Ste-Thérèse.
15	Lecourbe (r.).......	boul. de Grenelle.....	boul. Victor.
18	Lécuyer (r.)........	ch. de Clignancourt...	r. Lambert.
15	Lefebvre (boul.)....	ch. de fer de l'Ouest...	porte de Versailles.
17	Legendre (r.).......	av. de Clichy.........	r. Lévis.
19	Legrand (r.)........	b. du Combat.........	r. Asselin.
12	Legraverend (r.)....	b. Mazas.............	r. Beccaria.
16	Lekain (r.)..........	r. de l'Eglise.........	r. Singer.
13	Lemaignan (r.)......	r. de la Glacière......	Gentilly (anc.)
16	Lemarois (r.).......	boulevard de Sèvres...	fortifications.
17	Lemercier (r.)......	r. des Dames.........	r. Cardinet.
2	Lemoine (pass.).....	b. de Sébastopol......	r. St-Denis.
12	Lenoir St-Ant.- (r.)..	pl. du Marché-Beauv...	r. du Faub.-St-Antoine
18	Léon (r.).	r. Cavé..............	r. d'Oran.
11	Léonidas (pass.).....	r. du Ch.-des-Bœufs...	r. du Terrier-aux-L.
9	Léonie (r.).........	r. Boursault..........	r. Chaptal.
8	Léonie (r.).........	r. des Glaciers........	r. des Trois-Frères.
12	Léopold (r.)........	port de Bercy.........	r. de Bercy.
4	Lepelletier (q.)......	pl. de l'Hôtel-de-Ville..	r. St-Martin.
9	Le Peletier (r.).....	b. des Italiens........	r. de Provence.
18	Lepic (r.)..........	boulev. Pigalle........	r. du Vieux-Chemin.
4	Le Regrattier (r.)...	q. d'Orléans..........	r. St-Louis.
16	Leroux (r.).........	av. de St-Cloud.......	r. du Petit-Parc.

ARR.	VOIES PUBLIQUES.	TENANTS.	ABOUTISSANTS.
20	Lesage (r.).........	r. de Tourtille........	r. Jouy.
4	Lesdiguières (r. de)..	r. de la Cerisaie.......	r. St-Antoine.
16	Le Sueur...........	r. des Rochers........	av. Porte-Maillot.
15	Letellier (r.)........	r. Lelong.............	r. de la Croix-Nivert.
20	Levert (r.).........	r. de la Mare.........	r. de Paris.
17	Lévis (r.)..........	b. de Monceau.	route d'Asnières.
18	Lévisse (r. de).......	r. des Poissonniers....	r. Marcadet.
12	Libert (r.)..........	r. du Commerce.......	b. de Bercy.
19	Lilas (r. des)........	r. des Prés..........	Belleville (anc.)
7	Lille (r. de).........	r. des Saints-Pères.....	r. de Bourgogne.
14	Lille (r. de).........	b. de Montrouge......	r. de la Pépinière.
1	Lingerie (r. de la)..	r. St-Honoré..........	r. aux Fers.
5	Linné (r.)..........	r. Lacépède...........	r. des Boulangers.
15	Linois (r.)..........	pont de Grenelle.......	r. des Entrepreneurs.
4	Lions S. Paul (r.)....	r. du Petit-Musc	r. St-Paul.
8	Lisbonne (r. de)....	r. de Malesherbes.....	r. de Messine.
4	Lobau (r. de).......	q. de la Grève........	r. de Rivoli.
6	Lobineau (r.).......	r. de Seine...........	r. Mabillon.
19	Loire (q. de la).....	r. d'Allemagne........	r. de Marseille.
1-4	Lombards (r. des)..	r. St-Martin..........	r. St-Denis.
9	Londres (cité de)....	r. St-Lazare..........	r. de Londres.
8-10	Londres (r. de)......	r. de Clichy...........	pl. d'Europe.
16	Longchamp (r.-p^t)...	r. de Longchamp......	r. des Sablons
16	Longchamp (r. de)..	r. des Batailles.......	ch. de r. de Longch.
16	Longchamp (r. de)..	b. de Longchamp.....	r. du Petit-Parc.
8	Lord-Byron (r.).....	r. de Chateaubriand...	r. du Bel-Respiro.
5	Louis-le-Grand(pl.de)	r. St-Jacques..........	r. des Poirées.
2	Louis-le-Gr. (r.)....	r. N^e-des-Pet.-Champs..	b. des Capucines.
11	Louis-Philippe (r.)..	r. de la Roquette......	r. de Charonne.
5-13	Lourcine (r. de).....	r. Mouffetard.........	r. de la Santé.
15	Lourmel (r. de).....	b. de Grenelle........	boul. Victor.
19	Louvain (r. de).....	pl. de l'Eglise........	r. de la Villette.
17	Louvain (r. de).....	r. de Courcelles.......	r. de la Chaumière.
2	Louvois (sq. de).....	r. de Richelieu.......	r. Rameau.
2	Louvois (r. de).....	r. Lulli..............	r. Ste-Anne.
1	Louvre (q. du)......	r. du Louvre.........	q. des Tuileries.
1	Louvre (pl. du).....	q. du Louvre.........	r. de Rivoli.
1	Louvre (r. du)......	q. du Louvre.........	r. St-Honoré.
7-15	Lowendall (av. de)..	av. de Tourville.......	ch. de r. de Vaugirard
16	Lubeck (r. de)......	r. de la Croix-Boissière.	ch. de r. Ste-Marie.
2	Lulli (r.)..........	r. Rameau...........	r. de Louvois.
2	Lune (r. de la).....	b. Bonne-Nouvelle.....	r. Poissonnière.
1	Luxembourg (r. d.)..	r. de Rivoli........ ..	b. de la Madeleine.
12	Lyon (r. de).......	b. Mazas.............	pl. de la Bastille.
5	Lyonnais (r. des)...	r. de Lourcine........	r. des Charbonniers.
6	Mabillon (r.).......	r. du Four...........	r. St-Sulpice.
19	Macdonald (b.)......	canal de l'Ourcq......	r. d'Aubervilliers.
12	Mâcon (r. de).......	port de Bercy........	r. de Bercy.
5	Maçons-Sorb. (r. des)	r. des Ecoles.........	pl. Sorbonne.
6	Madame (r.)........	r. de Mézières........	r. de l'Ouest.
20	Madame (r. de).....	r. de Paris...........	r. St-Germain.
1-8-9	Madeleine (b. de la)..	r. de Luxembourg.....	pl. de la Madeleine.
8	Madeleine (g. de la)..	pl. de la Madeleine...	r. de la Madeleine.
8	Madeleine (p. de la)..	pl. de la Madeleine....	r. de l'Arcade.
8	Madeleine (pl. de la)..	r. Royale............	r. Tronchet.
15	Mademoiselle (r.) ..	r. des Entrepreneurs..	r. de Sèvres.
16	Magdebourg (r. de)..	q. de Billy...........	r. des Batailles.
10	Magenta (b. de).....	pl. du Château-d'Eau..	b. des Poissonniers.
16	Magenta-Aut. (r.)...	r. Molière...........	r. de la Fontaine.
14	Magenta-Montr. (r.).	r. Dareau............	av. du Commandeur.
20	Magenta-Ménilm. (r.)	ch. Ménilmontant.....	les Buttes.
15	Magenta-Vaugir. (r.).	pl. de l'Unité.........	les champs.
2	Mail (r. du)........	pl. des Petits-Pères....	r. Montmartre.
11	Main-d'or (c. de la)..	r. du Faub.-St-Antoine.	r. de Charonne.
15	Maine (av. du)......	b. du Montparnasse...	ch. de r. du Montp.

ARR.	VOIES PUBLIQUES.	TENANTS.	ABOUTISSANTS.
15	Maine (pl. du).......	av. du Maine.	chaussée du Maine.
15	Mairie (pl. de la)....	r. du Commerce......	Grenelle (anc.)
18	Mairie (pl. de la)...	r. de l'Abbaye........	Montmartre (anc.)
16	Mairie (pl. de la)....	Gr.-r. de Passy........	
15	Mairie (r. de la)....	r. Blomet............	Gr. r. de Vaugirard.
15	Maison-Dieu (r.)....	ch. du Maine.........	r. de Vanves.
18	Maistre (r. de)......	av. St-Ouen...........	r. Lepic.
5	Maître-Albert (r.)...	q. de la Tournelle....	pl. Maubert.
16	Malakoff (av.).......	b. de Longchamp.....	av. de la P.-Maillot.
6	Malaquais (q.)	r. de Seine...........	r. des Sts-Pères.
7	Malar (r.)........ ..	q. d'Orsay...........	r. St-Dominique.
8	Malesherbes (b.)....	pl. de la Madeleine....	r. Militaire.
8	Malesherbes (r. de)..	b. de Malesherbes ...	r. de Valois-du-R.
4	Malher (r.).........	r. de Rivoli..........	r. Pavée-au-Marais.
13	Malmaisons (r. d.)...	r. de Choisy..........	r. Gaudon.
11	Malte (r. de)	r. de Ménilmontant...	r. du Faub.-du-Temp.
2	Mandar (r.).........	r. Montorgueil........	r. Montmartre.
18	Manoir (r. du)......	r. Marcadet...........	r. des Portes-Blanc.
9	Mansart (r.)........	r. Fontaine...........	r. Blanche.
10	Mar.-du-T. (r. des)..	r. de la Douane.......	r. du Faub.-St-Martin.
8	Marbeuf (av.).......	r. Marbeuf...........	av. des Ch.-Elysées.
8	Marbeuf (r.)........	r. Bizet..............	av. des Ch.-Elysées.
18	Marcadet (r.).......	Gr.-r. de la Chapelle...	r. de la F.-au-But.
8	Marché d'Aguesseau.	r. d'Aguesseau........	r. des Saussaies.
12	Marché Beauveau....	r. d'Aligre............	r. Lenoir.
4	Marché Bl. Mant. ...	r. des Hospitalières...	r. Vieille-du-Temple.
18	Marché la Chapelle...	r. Riquet	r. du Bon-Puits.
5	Marché aux Chevaux.	r. Poliveau...........	r. du Cendrier.
3	Marché des Enf. Roug.	r. de Bretagne.	
15	Marché de Grenelle..	r. Croix-Nivert	r. du Commerce.
16	Marché de Passy	r. de la Fontaine.....	pl. de la Mairie.
5	Marché des Patriarch.	r. des Patriarches.....	r. Mouffetard.
11	Marché de Popincourt	r. Ternaux.	
4	Marché Ste-Catherine.	r. d'Ormesson	r. Caron.
6	Marché St-Honoré ...	r. Saint-Honoré.......	r. N^e-des-P.-Champs.
1	Marché St-Jean......	r. de la Verrerie.	
20	Mare (r. de la)......	chauss. de Ménilmont..	r. de Paris.
1	Marengo (r. de).....	r. de Rivoli..........	r. St-Honoré.
15	Marguerites (r. d.)..	r. Virginie............	r. des Marais.
12	Marguettes (r. d) ..	r. Montempoivre......	pl. de la Mairie.
18	Marie-Antoinette (r.)	pl. St-Pierre...........	r. de l'Abbaye.
2	Marie-Stuart (r.)....	r. des Deux-Portes....	r. Montorgueil.
8	Marignan (r. de)....	r. François Ier........	av. des Ch.-Elysées.
8	Marigny (av. de)....	av. Gabriel...........	r. du Faub.-St-Hon.
17	Mariotte (r.)........	r. des Dames.........	Batignolles (anc.)...
2	Marivaux (r. de)....	r. Grétry............	b. des Italiens.
15	Marmontel (r.).....	r. des Tournelles......	impasse Fondary.....
13	Marmousets (r. d.)..	r. des Gobelins.......	r. St-Hippolyte.
19	Marne (q. de la)....	r. de Marseille........	q. Circulaire.
19	Maroc (r. de).......	r. de Flandre.........	r. d'Aubervilliers.
10	Marcfoy (r.)........	r. du Grand-St-Michel..	r. des Ecluses-S^t-M.
16	Marronniers (r. d.)..	r. Basse..............	r. de Boulainvilliers.
10	Marseille (r. de)....	r. de l'Entrepôt.......	r. des Vinaigriers.
19	Marseille (r. de). ..	r. d'Allemagne........	q. de la Marne.
2	Marsollier (r.)......	r. Méhul	r. Monsigny.
10	Martel (r.).........	r. des Petites-Ecuries..	r. de Paradis.
7	Martignac (r. de)....	pl. de Bellechasse.....	r. de Gren.-St-Germ.
19	Martin (r.).........	b. des Vertus.........	r. du Département.
9	Martyrs (r. des).....	r. Lamartine.........	ch. de r. des Martyrs.
13	Massena (boul.).....	porte de la Gare.......	porte d'Italie.
7	Masseran (r.).......	r. Eblé..............	r. de Sèvres.
4	Massillon (r.).......	r. Chanoinesse........	r. du Cl.-N.-D.
19	Mathis (r.).........	r. de Flandre..........	r. Valenciennes.
5	Mathurins (r. des)...	r. St-Jacques.........	b. de Sébastopol.
8	Matignon (av.)......	r. p. des Ch.-Elysées...	r. Rabelais.
8	Matignon (r.).......	r. Rabelais...........	r. du Faub.-St-Honoré.

ARR.	VOIES PUBLIQUES.	TENANTS.	ABOUTISSANTS.
5	Maubert (pl.).......	r. des Grands-Degrés...	r. des Noyers.
10	Maubeuge (r. de)....	r. de Dunkerque......	ch. de r. de St-Denis.
15	Maublanc (r.).......	r. Blomet............	Gr.-r. de Vaugirard.
4	Maubuée (r.).......	r. du Poirier.........	r. St-Martin.
1-2	Mauconseil (r.)......	r. St-Denis............	r. Montorgueil.
3	Maure (r. du)	r. Beaubourg	r. St-Martin.
4	Mauv.-Garçons (r.d.).	r. de Rivoli..	r. de la Verrerie.
6	Mayet (r.)..........	r. de Sèvres..........	r. du Cherche-Midi.
9	Mayran (r.).........	r. Montholon........	r. Rochechouart.
10	Mazagran (r.).......	b. de Bonne-Nouvelle..	r. de l'Échiquier.
13	Mazagran (r. de)....	r. de Fontainebleau...	r. du Bel-Air.
20	Mazagran (r. de)....	r. de la Duée..... ...	r. de Calais.
6	Mazarine (r.).......	r. de Seine...........	r. Dauphine.
12	Mazas (b.)..........	q. de la Râpée........	pl. du Trône.
12	Mazas (pl.).........	q. de la Râpée........	pt d'Austerlitz.
4	Mazure (r. de la)....	q. des Ormes.........	r. de l'Hôtel-de-Ville.
19	Meaux (r. de).......	b. du Combat.........	r. d'Allemagne.
14	Méchain (r.)........	r. de la Santé.........	r. du Faub.-St-Jacques.
14	Médéah (r. de)......	r. de la Gaîté.........	r. de Constantine.
6	Médicis (r.)........	r. de Vaugirard.......	r. Soufflot.
1	Mégisserie (q. d.la)..	pt au Change.......	pt Neuf.
2	Méhul (r.)..........	r. N-des-Pet.-Champs.	r. Marsollier.
2	Ménars (r.).........	r. de Richelieu........	r. Grammont.
18	Ménessier (r.)......	r. Véron.............	r. de la Cure.
20	Ménilmont. (ch. de)..	r. des Couronnes......	r. de la Mare.
11	Ménilmont. (r. de)..	b. du Temple.........	ch. de r. de Ménilm.
18	Menuisiers (r. des)..	cité Falaise...........	boul. Ney.
1	Mercier (r.)........	r. de Viarme	r. des Deux-Écus.
11	Mercœur (r.).......	b. du Prince-Eugène...	r. de la Muette.
11	Merlin (r.).........	r. de la Roquette......	r. des Amandiers.
3	Meslay (r.).........	r. du Temple.........	r. St-Martin.
16	Mesnil (r.).........	•R.-P. de la Plaine....	r. St-Didier.
10	Messageries (r. d.)..	r. d'Hauteville........	r. du Faub.-Poissonn.
2	Messag.-Imp.(p.d.)..	r. Montmartre........	r. N.-D. des Victoires.
8	Messine (r. de)......	av. de Plaisance......	r. de Val.-du-Roule.
10	Metz (r. de)........	r. de Strasbourg......	r. de Nancy.
19	Metz (r. de)........	r. de Crimée..........	r. d'Allemagne.
12	Meuniers (ch. des)...	r. de la Br.-aux-L......	fortifications.
9	Meyerbeer (r.)......	ch. d'Antin.	r. Halévy.
6	Mézières (r. de).....	r. Bonaparte..........	r. Cassette.
16	Michel-Ange (r.) ...	Grande-Rue........ ..	boul. Murat.
3	Michel-le-Comte (r.).	r. du Temple....	r. Beaubourg.
2	Michodière(r.de la)..	r. N-St-Augustin......	b. des Italiens.
6	Mignon (r.).........	r. Serpente..........	r. du Jardinet.
19	Mignottes (r. des)...	r. des Solitaires.......	r. Basse-St-Denis.
9	Milan (r. de).......	r. de Clichy.	r. d'Amsterdam.
12	Millaud (av.).......	r. de Bercy...........	r. de Lyon.
3	Minimes (r. des)....	r. des Tournelles......	r. St-Louis.
15	Miollis (r.).........	b. de Sèvres..........	r. Cambronne.
2	Miracles (c. des)....	r. de Damiette........	r. des Forges.
8	Miroménil (r. de)...	r. du Faub.-St-Honoré..	r. de Val.-du-Roule.
9	Mogador (r. de).....	r. N.-D.-des-Mathurins.	r. St-Nicolas.
20	Mogador (r. de).....	b. des Amandiers.....	r. Duris.
1	Moineaux (r. des)....	r. des Orties.........	r. St-Roch.
17	Moines (r. des).....	r. Jeanne-d'Asnières...	ch. des Bœufs.
3	Molay (r.)..........	r. Portefoin..........	r. Perrée.
16	Molière (av.)........	av. Despréaux.........	Auteuil (anc.)
3	Molière (pass.)......	r. St-Martin	r. Quincampoix.
6	Molière (r.)........	pl. de l'Odéon........	r. de Vaugirard.
16	Molière (r.).........	r. de Versailles.......	r. Boileau.
8-17	Monceaux (b. de)....	r. du Rocher..........	r. de Courcelles.
8	Monceaux (r. de)....	r. du Faub.-St-Honoré.	r. de Courcelles.
9	Moncey (r.)........	r. Blanche...........	r. de Clichy.
17	Moncey (r.).........	av. de Clichy	p. Moncey.
1	Mondétour (r. de)...	r. de Rambuteau......	r. Mauconseil.
1	Mondovi (r. de).....	r. de Rivoli...........	r. du Mont-Thabor.

ARR.	VOIES PUBLIQUES.	TENANTS.	ABOUTISSANTS.
5	Monge (r.).........	boul. St-Germain......	r. de l'École-Polytechn.
12	Mongénot (r.).	r. Militaire...........	av. du Bel-Air.
19	Monjol (r.)..........	r. Asselin.............	r. Legrand.
1	Monnaie (r. de la)...	r. des P.-St-G.-l'Aux...	r. de Rivoli.
7	Monsieur (r.).......	r. de Babylone........	rue Oudinot.
6	Monsieur-le-Pr. (r.).	carr. de l'Odéon......	b. Saint-Michel.
2	Monsigny (r.).......	r. Marsollier.........	r. N^e-St-Augustin.
16	Montagne (r. de la)..	q. de Passy...........	carr. de la Montagne.
5	M^e-Ste-Gen.(r. de la)..	r. St-Victor...........	pl. Ste-Geneviève.
20	Montagnes (r. des)..	b. de Belleville.......	r. des Couronnes.
17	Montagnes (r. des)..	av. des Ternes........	fortifications.
8	Montaigne (av.)......	r. Bizet...............	r.-p. des Ch.-Elysées.
8	Montaigne (r.).......	r.-p. des Ch.-Elysées...	r. du Faub.-St-Honoré.
5	Montebello (q.)......	r. des G.-D. de l'Ar....	pl. du Petit-Pont.
12	Montempoivre (r. d.).	r. de la Voûte-du-C....	fortifications.
1	Montesquieu (pass.).	cl. St-Honoré.........	r. de Montesquieu.
1	Montesquieu (r.). ...	r. Cr.-des-Pet.-Ch.....	r. des Bons-Enfants.
6	Montfaucon (r.).....	r. de l'Ecole-de-Méd...	r. Clément.
12	Montgallet (r.)......	r. de Charenton.......	gr. r. de Reuilly.
3	Montgolfier (r.).....	r. Conté..............	r. du Vertbois.
9	Montholon (r.)......	r. du Faub.-Poissonn..	r. Cadet et Rochech.
19	Montier (r.)........	r. d'Allemagne........	r. de Marseille.
12	Montmartel (r.).....	p. de Bercy...........	r. Grange-à-Meun.
2-9	Montmartre (b.).....	r. Montmartre........	r. de Richelieu.
1-2	Montmartre (r.).....	p^te St-Eustache.......	b. Montmartre.
9	Montmartre (faub.)..	b. Montmartre........	r. Fléchier.
3	Montmorency (r.) ...	r. du Temple.........	r. Saint-Martin.
2	Montorgueil (r.).....	r. Montmartre........	r. St-Sauveur.
14-15	Montparnasse (b. de).	r. de Sèvres..........	r. d'Enfer.
6-14	Montparn. (r. du)..	r. Notre-D. des Ch....	ch. de r. d'Enfer.
1	Montpensier (r. de)..	r. de Richelieu.......	r. de Beaujolais.
11	Montreuil (r. de)....	r. du Faub.-St-Antoine.	ch. de r. de Montreuil
20	Montreuil (r. de). ..	b. de Charonne.......	fortifications.
14	Montrouge (b. de)..	r. d'Orléans..........	r. de la Gaité.
1	Mont-Thabor (r. du)..	r. d'Alger............	r. de Mondovi.
9	Montyon (r. de).....	r. de Trévise.........	r. du Faub.-Montm.
11	Morand (r.).........	r. des Tr.-Couronnes..	r. de l'Orillon.
12	Moreau (r.)	r. de Bercy..........	r. de Charenton.
14	Morère (r.).........	r. Friant............	route de Chatillon.
11	Moret (r.)..........	r. de Ménilmontant....	r. des Trois-Couronn.
15	Morillons (r. des)...	ch. du Moulin........	au Vieux-Morillon.
4	Morland (b.)........	q. Henri IV...........	r. de Sully.
9	Morlot (r.).........	r. St-Lazare.........	r. de la Trinité.
4	Mornay (r.).........	r. Sully.............	r. de Crillon.
8	Morny (r.)..........	r. de l'Empereur......	faub. St-Honoré.
8	Moscou (r. de)......	r. de Berlin..........	r. de Rambourg.
20	Mortier (boul.)......	r. de Bagnolet........	pl. des 3 Couronnes.
5-13	Mouffetard (r.)......	r. des Fos.-St-Victor...	b. de l'Hôpital.
11	Moufle (pass.).......	r. du Chemin-Vert.....	q. de Jemmapes.
	Moulins (r. des).....	r. de Paris..........	r. Fessart.
18	Moulins (r. des).....	r. du Vieux-Marché....	r. des Brouillards.
18	Moulin Batignolles...	Grande-Rue.	
19	Moulin Belleville.....	r. de Paris..........	r. Fessart.
14	Moul.-de-Beurre.....	r. de la Gaité........	r. de l'Ouest.
18	Moulin Montmartre..	r. du Vieux-Chemin...	r. des Brouillards.
12	Moulin-d.-la-Pointe..	r. de Fontainebleau...	r. de la Butte-aux-C.
13	Moulin-d.-Prés (r. du).	r. de la Butte-aux-C....	r. Vandrezanne.
12	Moulin St-Antoine ...	r. de Reuilly.........	r. Picpus.
15	Moulin Vaugirard ...	r. Dombasle	les champs.
14	Moulin Vert	ch. du Maine.........	r. Terrier-aux-Lapins.
14	Moul.-de-la-Vierge...	r. de Constantine.....	av. Meunier.
13	Moulinet (r. de).....	r. de Fontainebleau...	r. Moulin-des-Prés.
12	Moulins-Reuilly (r.).	ch. de r. de Reuilly...	r. de Picpus.
1	Moulins-St-Roch (r.).	r. des Orties..........	r. N^e-des-Petits-Ch.
4	Moussy (r. de)......	r. de la Verrerie......	r. S^te-Cr.-de-la-Bret.
14	Mouton-Duvernet....	r. d'Orléans..........	ch. du Maine.

ARR.	VOIES PUBLIQUES.	TENANTS.	ABOUTISSANTS.
16	Muette (r. de la)....	r. de Charonne.......	r. de la Roquette.
1	Mulets (r. des)......	r. d'Argenteuil.... ...	r. des Moineaux.
2	Mulhouse (r. de)....	r. de Cléry...........	r. des Jeûneurs.
18	Muller (r.).........	ch. de Clignancourt....	r. Feutrier.
16	Municipalité (r. de la)	r. de la Réunion......	r. des Clos.
16	Murat (boul.).......	porte d'Auteuil........	la Seine.
5	Mûrier (r. du)......	r. St-Victor..........	r. Traversine.
11	Murs de la Roquette.	r. de la Roquette.....	r. Mercœur.
16	Musset (r.).........	r. de la Réunion......	r. Boileau.
18	Myrha (r.).........	r. des Poissonniers....	r. Poulet.
10	Nancy (r. de)	r. du Faub.-St-Martin..	r. de Metz.
19	Nancy (r. de).......	r. de Marseille........	r. d'Allemagne.
19	Nantes (r. de)......	q. de l'Oise..........	r. de Flandre.
4	Napoléon (q.).......	r. du Cloître-N.-D.....	r. de la Cité.
1	Napoléon (sq.)......	Louvre...............	pl. du Carroussel.
18	Nation (r. de la)....	r. des Poissonniers....	Ch. de Clignancourt.
13	Nationale (r.).......	b. d'Ivry.............	r. du Chât-des-Rent.
9	Navarin (r. de)......	r. des Martyrs........	r. Bréda.
4	Necker (r.).........	r. d'Ormesson........	r. Jarente.
19	Nemours (r. de).....	q. de l'Oise...........	r. Royale.
11	Nemours (r. de). ...	r. Oberkampf.........	r. d'Angoulême.
17	Neuilly (b. de)......	r. de Levis...........	r. de la Révolte.
16	Neuve (r.).........	r. de la Fontaine......	b. de Montmorency.
20	Neuve (r.)..........	r. de Bagnolet........	r. de Charonne.
13	Neuve (r.)....... ..	r. de Choisy.........	r. de Fontainebleau.
16	Neuve (r.)..........	av. de la Porte-Maillot.	av. de l'Impératrice.
1	— d. Bons-Enf. (r.).	r. des Bons-Enfants..	r. Nve-d.-P.-Champs.
3	— Bossuet (rue)....	r. Neuve-des-Martyrs..	r. de la T^r-d'Auvergne.
11	— des Boulets (r.)..	r. des Boulets........	r. de Nice.
3	— Bourg-l'Abbé (r.).	r. Saint-Martin.......	boul. Sébastopol.
1-2	— d. Capucines (r.).	pl. Vendôme..........	r. de Luxembourg.
18	— Charbonnière (r.)	b. Magenta...........	ch. de fer du Nord.
9	— Coquenard (rue).	r. Lamartine.........	r. la Tour-d'Auvergne.
13	— Désiré (rue)......	Carrière Quesnel......	butte de la Bièvre.
9	— Fénelon (rue)....	r. des Martyrs........	cité Fénelon.
9	— Fontaine (r.).....	r. Duperré.......	boul. Clichy.
13	— Gentilly (r.).....	r. de Fontainebleau...	r. de Choisy.
18	— Goutte-d'Or (r.)..	boul. de la Chapelle..	r. de la Goutte-d'Or.
6	— Guillemin (r.)...	r. du Four-St-Germain.	r. du Vieux-Colomb.
11	— Lappe (r.).......	r. de Charonne.......	r. de la Roquette.
14	— du Maine........	r. de la Gaieté........	ch. du Maine.
9	— des Martyrs (r.).	r. des Martyrs........	r. de la T^r-d'Auvergne.
9	— d. Mathurins (r.).	r. Chaussée-d'Antin...	r. de la Madeleine.
2	— Montmorency (r.).	r. Feydeau...........	r. Saint-Marc.
4	— Notre-Dame (r.)..	parvis Notre-Dame....	r. de la Cité.
16	— Passy (r.).......	r. de la Fontaine.....	r. Donizetti.
16	— Pelouse (r.).....	r. de Bellevue........	av. Porte-Maillot.
1-2	— Pet.-Champs (r.).	r. Nve-des-Bons-Enf..	r. de la Paix.
11	— Popincourt (r.)..	r. Oberkampf.........	pass. Popincourt.
19	— Pradier (r.).....	r. Pradier.	
12	— Reuilly (r.)......	r. de Reuilly.........	r. Mazas.
2	— St-Augustin (r.)..	r. Richelieu..........	b. des Capucines.
3	— Ste-Catherine (r.).	r. du Val-Ste-Catherine.	r. Pavée.
5	— S-Étien^e-d.-M (r.)	r. Descartes..........	r. Mont.e-Ste-Genev.
5	— Saint-Médard (r.).	r. Gracieuse..........	r. Mouff tard.
4	— Saint-Merry (r.)..	r. du Temple.........	r. Saint-Martin.
2	— St-Sauveur (r.)...	r. de Damiette.......	r. Petit-Carreau.
15	— du Théâtre (r.)..	r. Roussin	pourtour du Théâtre.
14	— Tombe-Issoire(r.).	r. Tombe-Issoire......	av. du Commandeur.
7	— Université (r.)...	r. Université.........	r. Saint-Guillaume.
15	— de Vanves (r.)....	r. du Transit.........	les Champs.
7	— de la Vierge (r.).	r. Grenelle-St-Germain	av. Lamothe-Piquet.
6	Nevers (r. de)......	q. de Conti..........	r. d'Anjou.
16	Newton (r. de)......	b. de l'Alma..........	ch. de r. de l'Etoile.
10	Neveux (pas.).......	boul. de Strasbourg...	faub. St-Denis.

ARR.	VOIES PUBLIQUES.	TENANTS.	ABOUTISSANTS.
18	Ney (boul.).........	av. St-Ouen...........	r. d'Aubervilliers.
11	Nice (r. de)........	r. Neuve des Boulets..	r. de Charonne.
15	Nice (r. de).........	r. Brancion...........	r. de Palestro.
12	Nicolaï (r.).........	q. de Bercy...........	ruelle du Meunier.
4	Nicolas Flamel (r.)..	r. de Rivoli..........	r. des Lombards.
17	Nicolet (r.).........	q. d'Orsay............	r. de l'Université.
8	Nicolet (r.).........	ch. de Clignancourt...	r. Bachelet.
16	Nicolo (r.)..........	Grande-Rue............	r. de la Pompe.
7	Nicot (r.)...........	q. d'Orsay............	r. St-Dominique.
14	Niepce (r.)..........	r. Brezin.............	r. du Ch.-d'Asile.
17	Nollet (r.)..........	r. des Dames..........	r. Cardinet.
4	Nonains-d'Hyères (r.)	q. des Ormes..........	r. de Jouy.
3	Normandie (r. de)..	r. de Périgueux.......	r. Charlot.
2	N.-D.-de-Bº-Nº (r.)...	r. Beauregard........	b. Bonne-Nouv.
8	N.-D.-de-Grâce (r.)..	r. de la Madeleine.....	r. d'Anjou.
9	N.-D.-de-Lor. (r.)....	r. St-Lazare..........	r. Pigalle.
18	N.-D. de Montmartre.	r. Saint-Denis........	r. des Saussaies.
3	N.-D.-de-Nazar. (r.)..	r. du Temple..........	r. St-Martin.
2	N.-D.-de-Rec. (r.)...	r. Beauregard.........	b. Bonne-Nouvelle.
6	N.-D.-des-Ch. (r.)...	r. de Vaugirard.......	carr. de l'Observatoire.
2	N.-D.-des-Vict. (r.)..	pl. des Petits-Pères....	r. Montmartre.
5	Noyers (r. des)......	pl. Maubert...........	r. St-Jacques.
11	Nys (r.)............	boul. de Belleville.....	r. de l'Orillon.
11	Oberkampf (r.).....	b. du Temple..........	ch. de r. de Ménilm.
1	Oblin (r.)..........	r. de Viarme..........	r. Coquillière.
6	Observat. (av. de l').	b. du Montparnasse...	Observatoire.
6	Observat. (carr. de l').	r. de l'Est...........	b. du Montparnasse.
6	Odéon (carr. de l')..	r. de l'Ecole-de-Méd...	r. Monsieur-le-Prince.
6	Odéon (pl. de l')....	r. de l'Odéon.........	r. Racine.
6	Odéon (r. de l').....	r. Monsieur-le-Prince..	pl. de l'Odéon.
8	Odiot (cité)........	r. Neuve-de-Berri.....	r. de l'Oratoire.
19	Oise (q. de l').......	pl. de l'Hôtel-de-Ville.	canal.
3	Oiseaux (r. des).....	marché des Enfants-R..	r. de Beauce.
9	Olivier-Buffault.....	r. Laffitte...........	r. Buffault.
9	Olivier-Taitbout....	r. Laffitte...........	r. Taitbout.
15	Olivier de Serres (r.)	r. d'Alleray..........	r. Vaugelas.
11	Omer-Talon (r.).....	r. Merlan.............	r. Servan.
9	Opéra (pass. de l')...	b. des Italiens........	r. Drouot.
18	Oran (r. d')........	r. Ernestine..........	r. des Poissonniers.
5	Orangerie (r. de l')..	r. d'Orléans..........	r. Censier.
8	Orat.d.Ch.-El.(r.d.l').	av. des Champs-Elys..	r. du Faub.-St-Honoré.
1	Orat.-du-L. (r. de l')...	r. de Rivoli..........	r. St-Honoré.
1	Orfèvres (q. des)....	pt St-Michel..........	Pont Neuf.
1	Orfèvres (r. des)....	r. St-Germ.-l'Auxerr...	r. Jean-Lantier.
12	Orient (pass. d')....	r. de Bercy...........	r. de Lyon.
18	Orient (r. de l').....	r. de l'Empereur......	Montmartre (anc.)
11	Orillon (r. de l')....	b. de Belleville.......	r. de Tourtille.
20	Orillon (r. de l')....	boul. de Belleville.....	r. Tourtille.
17	Orléans (r. d').....	r. des Tournelles......	Vaugirard (anc.)
4	Orléans (q. d')......	pt de la Tournelle.....	pt de la Cité.
1	Orl.-St-Hon. (r. d')...	r. St-Honoré..........	r. des Deux-Ecus.
4	Orme (r. de l')......	r. Mornay............	r. St-Antoine.
15	Orme (r. de l')......	r. de la Procession....	route du Transit.
11	Ormeaux (r. des)...	pl. du Trône..........	r. de Montreuil.
20	Ormeaux (r. des)....	b. de Montreuil.......	r. de Montreuil.
4	Ormes (q. des)......	q. St-Paul............	r. Geoffroy-Lasnier.
4	Ormesson (r. d').....	r. de Turenne.........	r. Culture-Ste-Cather.
7-15	Orsay (q. d').......	r. du Bac.............	q. de Grenelle.
1	Orties (r. des)......	r. d'Argenteuil.......	r. Ste-Anne
3	Oseille (r. de l').....	r. St-Louis...........	r. Vieille-du-Temple.
7	Oudinot (r.)........	r. Vanneau...........	b. des Invalides.
6	Ouest (r. de l')......	r. de Vaugirard.......	carref. de l'Observat.
14	Ouest (r. de l')......	ch. du Maine.........	route du Transit.
2-1-3	Ours (r. aux).......	r. St-Martin..........	r. St-Denis.

ARR.	VOIES PUBLIQUES.	TENANTS.	ABOUTISSANTS.
1-2	Pagevin (r.).......	r. Jean-J.-Rousseau....	pl. des Victoires.
5	Paillet (r.)..........	r. Soufflot....	r. Saint-Jacques.
2	Paix (r. de la)......	r. N-des-Pet.-Champs..	b. des Capucines.
17	Paix (r. de la)	av. de Clichy..........	r. St-Étienne.
18	Pajol (r.)...........	pl. Hébert............	r. du Bon-Puits.
16	Pajou (r.)...........	r. des Vignes..........	r. de l'Assomption.
7	Pal. Bourbon (pl.)...	r. de Bourgogne......	r. de l'Université.
1-4	Palais (boul. du)....	p. Saint-Michel........	p. au Change.
1	Pal.-Royal (pl. du)..	r. St-Honoré..	r. de Rivoli.
6	Palatine (r.)........	r. Garancière.........	pl. St-Sulpice.
2	Palestro (r.)........	r. de Turbigo.........	r. du Caire.
9	Pali-Kao (r. de).....	b. de Belleville........	r. des Montagnes.
13	Palmyre (r.)........	r. Hélène.............	r. Maur.-Meyer.
2	Panoramas (pass.d.).	r. St-Marc	b. Montmartre.
20	Panoyaux (r. des)...	b. des Amandiers.....	r. des Amandiers.
5	Panthéon (pl. du)...	r. Soufflot...........	Panthéon.
9	Papillon (r.)........	r. Bleue..............	r. Riboutté.
2	Papin (r.)	q. d'Austerlitz........	r. de la Gare.
3-4	Paradis-au-Mar. (r.)..	r. Vieille-du-Temple...	r. du Chaume.
10	Par.-Poiss. (r. de)...	r. du Faub.-St-Denis...	r. du Faub.-Poissonn.
3	Parc-Royal (r. du)..	r. St-Louis............	r. des Trois-Pavillons.
5	Parchemin. (r. la)...	r. St-Jacques..........	r. de la Harpe.
17	Paris (r. de)........	b. de Monceaux.......	route d'Asnières.
19-20	Paris (r. de)........	b. de la Chopinette...	r. de Romainville.
20	Paris (r. de)........	b. de Fontarabie.... .	pl. de la Mairie.
9	Parme (r. de)......	r. de Clichy..........	r. d'Amsterdam.
11	Parmentier (av.).....	r. des Amandiers.....	r. St-Ambroise.
10	Parmentier (r.).....	r. Corbeau............	r. Alibert.
20	Partants (r. des)....	r. des Amandiers......	r. Charonne.
4	Parvis-N.-D. (pl. du)	devant l'église N.-D.	
5-13	Pascal (r.)..........	r. Mouffetard.........	r. du Ch.-de-l'Al.
8	Pasquier (r.)........	boul. Malhesherbes ...	boul. Haussmann.
16	Passy (q. de).......	r. Beethoven..........	r. Boulainvilliers.
3	Pastourel (r.).......	r. du Grand-Chantier..	r. du Temple.
13	Patay (r.)	r. de la Croix-Rouge..	Fortifications.
5	Patriarches (r. des)..	r. d'Orléans..........	r. de l'Epée-de-Bois.
16	Pâtures (r. des).....	route de Versailles....	r. Hérold.
2	Paul-Lelong (r.).....	r. N.-D. des Victoires..	r. de la Banque.
16	Pauquet-Villejust.(r).	r. de Chaillot.........	ch. de l'Etoile.
4	Pavée-au-Mar. (r.)...	r. de Rivoli...........	r. des Francs-Bourg.
20	Pavillons (r. des).....	r. de la Duée.........	r. de Calais.
15	Payen (pas.).	r. de Javel.	
15	Payen (r.)..........	r. de Javel.	imp. de Javel.
3	Payenne (r.)........	r. des Francs-Bourg...	r. du Parc-Royal.
10	Péchoum (r.)........	b. du Combat.........	r. Asselin.
15	Péclet (r.)..........	r. Mademoiselle.......	r. de Sèvres.
4	Pecquay (pass.).....	r. des Blancs-Mant.....	r. de Rambuteau.
1	Pélican (r. du)......	r. de Grenelle-St-Hon..	r. Croix-des-Pet.-Ch.
16	Pelouse (r. de la)...	r. Neuve.............	r. N-de-la-Pelouze.
18	Penel (pas.)........	r. de la Glacière... ..	r. du Ruisseau.
17	Pentagonale (pl.)....	av. de Wagram..... ...	boul. Pereire.
8	Penthièvre (r. de)...	r. de la Ville-l'Évêq...	r. du Faub.-St-Honoré.
8	Pépinière (r. de la)..	r. de l'Arcade.........	r. du Faub.-St-Honoré.
14	Pépinière (r. de la)..	route d'Orléans........	ch. du Maine.
4	Percée-St-Ant. (r.)...	r. Charlemagne.......	r. St-Antoine.
14	Perceval (r.).......	r. de la Gaîté.........	r. de l'Ouest.
16	Perchamps (r. des)..	r. de la Fontaine......	r. Molière.
3	Perche (r. du)......	r. Vieille-du-Temple...	r. Charlot.
8	Percier (av.).......	r. de la Pépinière.....	av. de Munich.
17	Pereire (b.)........	r. de la Santé.........	av. de la P.-Maillot.
17	Pereire (pl.)........	boul. de Neuilly	les champs.
16	Pergolèse (r.).......	av. de la Pte-Maillot...	av. de l'Impératrice.
7-15	Pérignon (r.).......	av. de Saxe...........	ch. de Sèvres.
3	Perle (r. de la)......	r. de Thorigny........	r. V-du-Temple.
5	Pernelle (r.)........	r. St-Bon.............	b. de Sébastopol.
14	Pernetty (r.).......	r. de Constantine......	r. de l'Ouest.

ARR.	VOIES PUBLIQUES.	TENANTS.	ABOUTISSANTS.
14	Perrel (r.).........	r. Blottière..........	r. de Constantine.
16	Perrier (r.)........	av. de la Porte-Maillot..	av. de St-Denis.
1	Perron (r. du)......	r. de Beaujolais.......	r. N^e-des-Pet.-Champs.
7	Perronet (r.).......	r. des Saints-Pères....	r. St-Guillaume.
15	Petel (r.)..........	r. de Sèvres..........	r. Blomet.
19	Petit (r.)..........	r. de Meaux..........	boul. Serrurier.
2	Petit-Carreau (r. du).	r. Saint-Sauveur......	r. de Cléry.
17	— Cerf (r. du)......	r. Boulay............	av. de Clichy.
13	— Ch.-St-Marc (r.d.)	r. du Ch.-de-l'Alouette.	r. de la Glacière.
12	— Lion (r. du).....	r. Saint-Denis........	r. Montorgueil.
5	— Moine (r. du)....	r. Scipion...........	r. Mouffetard.
4	— Muse (r. du).....	quai des Célestins.....	r. Saint-Antoine.
5	— Pont (pl. du)....	Petit-Pont...........	r. Saint-Jacques.
5	— Pont (r. du).....	r. de la Bûcherie.....	r. Saint-Séverin.
10	Petits-Hôtels (r. des).	r. de Chabrol........	b. Magenta.
2	— Pères (pass. des).	r. de la Banque......	pl. des Petits-Pères.
2	— Pères (pl. des)...	r. Notre-Dame-d.-Vict.	pas. des Petits-Pères.
2	— Pères (r. des)....	pl. des Petits-Pères....	r. de la Banque.
10	Petites-Ecuries (pl.d).	r. Faub. Saint-Denis..	r. Faub. Poissonnière.
10	— — (r. des)...	r. Faub. Saint-Denis...	r. Faub. Poissonnière.
13	Petite-Rue du Banq..	r. du Banquier.......	boul. de l'Hôpital.
13	— — du Pot-au-Lait	r. de la Glacière......	r. du Pot-au-Lait.
13	— — Sainte-Anne..	r. de la Glacière......	r. de la Santé.
18	— — Saint-Denis...	r. Marcadet.	
11	— — Saint-Pierre..	r. du Chemin-Vert....	boul. Beaumarchais.
16	Pétrarque (r.).......	r. des Moul. Dassy....	r. Scheffer.
9	Pétrelle (r.)........	r. du Faub.-Poissonn..	r. Rochechouart.
13	Peupliers (ch. des)..	r. Font-à-Mulard......	fortifications.
3	Phélipeaux (r.).....	r. du Temple.........	r. Volta.
11	Philippe-Aug. (av.)..	pl du Trône..........	pl. Montreuil.
10	Phil.-de-Girard (r.)..	r. Lafayette..........	Gr-Rue de la Chapelle
20	Piat (r.)...........	r. Vilin.............	r. de Paris.
13	Picard (r.).........	q. de la Gare........	r. du Chevaleret.
16	Picot (r.)..........	av. Dauphine.........	av. de l'Impératrice.
12	Picpus (b. de)......	r. de Picpus.........	av. de St-Mandé.
12	Picpus (r. de)......	r. du Faub.-St-Antoine.	ch. de Picpus.
13	Pierre-Assis (r.)....	r. Mouffetard........	r. St-Hippolyte.
1	Pierre Lescot.......	r. Berger	r. Rambuteau.
11	Pierre-Levée (r.)....	r. des Trois-Bornes...	r. de la Font.-au-Roi.
5-13	Pierre-Lombard	pl. de la Collégiale....	r. Mouffetard.
18	Pierre-Picard.......	chaussée Clignancourt.	pl. Saint-Pierre.
6	Pierre-Sarrazin (r.)..	b. St-Michel	r. Hautefeuille.
9-18	Pigalle (b.)........	pl. de la barr. Montm..	pl. de la Barr.-Blanc.
9	Pigalle (r.)........	r. Blanche...........	pl. de la Barr.-Mont.
13	Pinel (r.)..........	pl. de la barr. d'Ivry..	b. de l'Hôpital.
1	Pirouette (r.)......	r. du Rambuteau.....	r. de Mondétour.
11	Piver (pas.)........	r. de l'Orillon.	faub. du Temple.
19	Place (r. de la)....	r. de Beaune.........	r. Compans.
20	Plaine (r. de la)....	r. des Quatre-Jardins..	Charonne (anc.)
17	Plaine (r. de la)....	r. de l'Arc-de-Triomp..	av. des Ternes.
1	Plat-d'Étain (r. du)..	r. des Lavandières....	r. des Déchargeurs.
19	Plateau (r. du).....	r. des Alouettes......	r. Fessard.
4	Plâtre-au-Mar. (r.)...	r. de l'Homme-Armé...	r. du Temple.
15	Plumet (r.)........	r. de la Procession....	r. Bargue.
14	Poinsot (r.)........	b. de Vanves........	b. du Maine.
4	Poirier (r. du)......	r. Neuve St-Merri.....	r. Maubuée.
18	Poirier (r. du).....	r. Berthe.............	r. du Vieux-Marché.
20	Poiriers (r. des)....	Gr.-r. de la Chapelle..	r. du Nord.
17	Poisson (r.)........	r. de Jessaint........	r. des Poissonniers.
2-9	Poissonnière (b.)...	r. Poissonnière.......	r. Montmartre.
2	Poissonnière (r.)....	r. de Cléry..........	b. Poissonnière.
9-10	Poissonn. (faub.)....	b. Poissonnière.......	ch. Poissonnière.
9-18	Poissonniers (b. d.)..	r. du Faub.-Poissonn..	r. Rochechouart.
18	Poissonniers (r. d.)..	b. des Poissonniers....	r. Marcadet.
5	Poissy (r. de).......	q. de la Tournelle....	r. St-Victor.
6	Poitevins (r. des)....	r. Hautefeuille.......	r. Serpente.

ARR.	VOIES PUBLIQUES.	TENANTS.	ABOUTISSANTS.
7	Poitiers (r. de)......	q. d'Orsay............	r. de l'Université.
3	Poitou (r. de)	r. Vieille-du-Temple...	r. Charlot.
5	Poliveau (r.)........	b. de l'Hôpital........	r. des Fossés-St-Marc.
18	Polonceau (r.)......	r. des Couronnes.....	Belleville (anc.).
18	Pompe (r. de la)....	r. du Ruisseau........	Montmartre (anc.).
3	Ponceau (pass. du)..	b. de Sébastopol......	r. St-Denis.
2	Ponceau (r. du).....	r. St-Martin...........	r. St-Denis.
12	Poniatowski (boul.).	q. de Bercy...........	av. Daumesnil.
5	Pont aux Biches (r.)..	r. Censier............	r. Fer à Moulin.
3	Pont-aux-Choux(r.)..	b. Beaumarchais......	r. St-Louis.
15	Pont-de-Gren. (pl.du)	q. de Grenelle........	q. de Javel.
6	Pont-de-Lodi (r.)...	q. des Gr.-Augustins..	r. Dauphine.
4	Pont-L.-Philip. (r.d.)	q. de la Grève.........	r. St-Antoine.
6	Pont-Neuf (pas. du)..	r. Mazarine...........	r. de Seine.
1	Pont-Neuf (pl. du)..	q. de l'Horloge........	q. des Orfèvres.
1	Pont-Neuf (r. du)...	pont Neuf............	les Halles.
8	Ponthieu (r. de)....	av. Matignon..........	r. Neuve-de-Berri.
5	Pontoise (r. de).....	q. de la Tournelle.. ..	r. St-Victor.
11	Popincourt (cité)...	r. Popincourt.........	r. Neuve-Popincourt.
11	Popincourt (r.)......	r. de la Roquette.....	r. de Ménilmontant.
2	Port-Mahon (r. de)...	r. Ne-St-Augustin......	r. Louis-le-Grand.
5-14	Port-Royal (r. de)...	r. St-Jacques.........	r. d'Enfer.
17	Port-St-Ouen (r.d.)..	av. de Clichy.........	ch. des Bœufs.
8	Portalis (av.).......	r. de la Pépinière.....	r. de la Bienfaisance.
18	Pres-Blanches (r. des).	r. des Poissonniers....	r. du Ruisseau.
3	Portefoin (r.).......	r. des Enf.-Rouges.....	r. du Temple.
16	Possoz (pl.).........	r. Guichard...........	r. St-Clair.
5	Postes (r. des)......	r. de Vieille-Estrapade.	r. de l'Arbalète.
13	Pot-au-Lait (r. du)..	r. de la Glacière......	fortifications.
5	Pot-de-Fer (r. du)...	r. Mouffetard.........	r. des Postes.
18	Poteau (r. du)......	r. du Ruisseau........	fortifications.
4	Poterie-d.-Arc. (r.)..	r. de Rivoli..........	r. de la Verrerie.
1	Poterie-des-H. (r.)...	r. de la Lingerie......	r. de la Tonnellerie.
1	Potier (pass.).......	r. de Montpensier.....	r. de Richelieu.
5	Poules (r. des).....	r. de la Vieille-Estrap..	r. du Puits-qui-Parle.
18	Poulet (r.).........	ch. de Clignancourt....	r. des Poissonniers.
4	Poulletier (r.).......	q. de Béthune.........	q. d'Anjou.
14	Poussin (r.)........	anc. r. Ne de l'Embarc..	r. La Fontaine.
19	Pradier (r.)........	r. Fessart............	r. St-Laurent.
19	Pré (r. du).........	r. de Paris...........	boul. Serrurier.
18	Pré-Maudit (r. du)...	Gr.-r. de la Chapelle...	ch. des Fillettes.
1	Prêcheurs (r. des)...	r. St-Denis...........	r. des Halles-Centr.
20	Pressoir (r. du).....	r. de Constantine......	r. des Couronnes.
14	Prêtres (ch. des)....	r. des Catacombes.....	fortifications.
5	Prêtres St-Et. Mont...	r. Descartes..........	r. Mont.-Ste-Genev.
1	Prêtres St-Germ.-Aux.	r. de la Monnaie......	pl. du Louvre.
5	Prêtres St-Séverin...	r. Saint-Séverin	r. Parcheminerie.
11	Prince-Eugène (b.)..	pl. du Trône..........	b. du Temple.
17	Prince Jérôme (av. d.)	pl. de l'Etoile.........	Pes-Courcelles.
2	Princes (pass. des)..	r. Richelieu...........	b. des Italiens.
6	Princesse (r.).......	r. du Four............	r. Guisarde.
15-14	Procession (r. de la).	gr. r. de Vaugirard....	r. de Vanves.
20	Progrès (r. des).....	r. Robineau..........	Buttes.
17	Promenade(pl.d.la)..	r. des Moines.........	r. Cardinet.
18	Propriétaires(r. d.)..	r. Marcadet.	r. des Poissonniers.
1	Prouvaires (r. des)..	r. St-Honoré..	r. Traînée.
9	Provence (r. de).....	r. du Faub.-Montmartre	r. de la Ch.-d'Antin.
16	Prudhon (av.).......	Grande-Rue..........	Porte de Passy.
19	Puebla (r.).........	boul. de la Villette....	r. de Meaux.
18	Puget (r.).........	b. Pigalle............	r. Florentine.
14	Puits (r. du).......	r. Lebouis...........	la Glacière.
16	Puits Artés. (r. du)..	av. d'Eylau..........	r. Blancs-Manteaux.
4	Puits d.-Bl.-Mant....	r. Ste-Croix-Bretonner..	r. du Gaz.
5	Puits-de-l'Ermite (r.)	r. du Battoir..........	r. Gracieuse.
5	Puits-qui-parle (r.)..	r. Neuve-Ste-Genev.....	r. des Postes.
1	Pyramides (r. des)..	r. de Rivoli..........	r. St-Honoré.

ARR.	VOIES PUBLIQUES.	TENANTS	ABOUTISSANTS.
12	**Q**uatre-Bornes (r. d.)	av. Bel-Air..........	boul. Soult.
12	Quatre-Chemins(r.d.)	av. Daumesnil........	boul. de Reuilly.
3	Quatre-Fils (r. des)..	r. Vieille-du-Temple...	r. du Gr. Chantier
20	Quat.-Jardiniers(r.d.)	r. de Lagny..........	r. Montreuil.
6	Quatre-Vents (r. des)	carrefour de l'Odéon...	r. de Seine.
5	Quinault (r.......	pourtour du Théâtre..	r. Mademoiselle.
3-4	Quincampoix (r.)....	r. des Lombards......	r. aux Ours.
8	**R**abelais (r.).......	av. et r. Matignon.....	r. de Montaigne.
16	Racine (imp.).......	av. Despréaux........	Auteuil (anc.)
6	Racine (r.).........	b. St-Michel..........	pl. de l'Odéon.
1	Radziwill (pass.)....	r. Ne-des Bons-Enfants.	r. de Valois.-Pal.-Roy.
1	Raffet (r.)..........	anc. s. de la Fontaine.	
12	Raguinot (r.).......	r. de Châlons.........	av. Daumesnil.
12	Rambouillet (r. de)..	r. de Bercy...........	r. de Charenton.
1-3-4	Rambuteau (r. de)..	r. du Chaume.........	r. Montorgueil.
2	Rameau (r.)........	r. de Richelieu........	r. Ste-Anne.
18	Ramey (r.).........	r. Muller.............	r. du Manoir.
11	Rampon (r.)........	boul. du Pr. Eugène...	ch. Ste-Marie.
16	Ranelagh (r. du....	route de Versailles....	boul. Rich. Lenoir.
12	Raoul (r.)..........	ch. de Reuilly........	r. de la Glacière.
12	Râpée (q. de la).....	ch. de r. de la Râpée..	ch. des Marais.
16	Raphaël (av.).......	route de Versailles.. .	b. de Contrescarpe.
7	Rapp (av.)..........	q. d'Orsay...........	r. de la Glacière.
20	Rateau (r. du)......	r. des Feuillantines...	av. de Labourd.
11	Ratrait (r. du)......	r. des Champs........	r. de Ménilmontant.
20	Rats (r. des)........	r. de la Folie-Regnault.	ch. de r. de Fontarab.
5	Rats (r. des)........	r. St-André.	b. de Fontarabie.
5	Réaumur (r. de)....	r. Volta..............	r. de Palestro.
19	Rebeval (r.)	r. du Faub.-S.-Mart....	r. du Faub.-St-Denis.
10	Récollets (r. des)....	q. de Valmy..........	r. du Faub.-St-Martin.
6	Regard (r. du)......	r. du Cherche-Midi....	r. de Vaugirard.
20	Regnard (r.)........	pl. de l'Odéon....... .	r. de Condé.
16	Reims (r. de).......	r. des Sept-Voies.... .	r. Charretière.
5	Reine-Blanche (r.)...	r. d. Fossés-St-Marcel..	r. Mouffetard.
13	Reine-Hortense(b.)..	pl. de l'Arc-de-Tr......	r. de Courcelles.
8	Renard (pass.)......	r. St-Denis	r. du Renard.
2	Renard-St-Merri(r.)..	r. de la Verrerie......	r. Neuve-St-Merri.
4	Ren.-St-Sauv. (r.)...	r. St-Denis...........	r. des Deux-Portes.
2	Rendez-Vous(r. du)..	b. de St-Mandé.......	av. du Bel-Air.
12	Rennequin (r.)......	r. des Dames.........	r. de Louvain.
6	Rennes (r. de)......	r. N.-D.-des-Champs...	b. du Montparnasse.
16	Réservoirs (r. des)...	b. de Longchamps.....	r. Pétrarque.
16	Réservoirs (r. des) .	b. de Longchamps....	r. du Moulin.
5	Restaut (r.)........	r. Victor Cousin......	r. Gerson.
8	Retiro (cité du).....	r. de la Madeleine.....	r. Faub.-St-Honoré.
12	Reuilly (b. de).	r. et ch. de Reuilly...	r. de Picpus.
12	Reuilly (r. de)......	r. du Faub.-St-Antoine.	ch. de r. de Reuilly.
3	Réunion (pas. d. la)..	r. du Maure..........	r. St-Martin.
20	Réunion (pl. de la)..	r. des Écoles...... ...	r. de la Réunion.
20	Réunion (r. de la)...	r. de Montreuil.......	pl. de la Réunion.
20	Riblette (r.)........	r. de Vincennes.......	r. St-Germain.
9	Riboutté (r.).......	r. Bleue.	r. Papillon.
13	Ricault (pass.)......	r. du Chât.-d.-Rentiers.	r. du Gaz.
11	Richard-Lenoir (r.)..	r. de Charonne........	b. du Prince-Eugène.
11	Richard Lenoir (b.)..	recouvrant le canal	Saint-Martin.
1-2	Richelieu (r. de)....	r. St-Honoré.........	b. des Italiens.
1-8	Richepance (r.).....	r. St-Honoré.........	r. Duphot.
9	Richer (r.).........	r. du Faub.-Poissonn...	r. du Faub.-Montmart.
20	Richer (r.).........	imp. St-Laurent	Belleville (anc.)
10	Richerand (av.).....	q. de Jemmapes......	r. Bichat.
18	Richomme (r.)......	r. d'Orléans.........	r. Ste-Thérèse.
8	Rigny (r.)..........	b. Malesherbes.......	r. St-Jean-Baptist.
20	Rigoles (r. des).....	r. de Calais....... ...	r. de Paris.
19-18	Riquet (r.).	Grande-Rue.	r. Ph. Girard.
10	Riverin (cité).......	r. de Bondy..........	r. du Chât.-d'Eau.

ARR.	VOIES PUBLIQUES.	TENANTS.	ABOUTISSANTS.
4-1	Rivoli (r. de).......	r. St-Antoine..........	pl. de la Concorde.
20	Rivoli (r.)..........	r. Vilin...	sq. Napoléon.
18	Robert (r.)..........	r. Doudeauville.......	r. Marcadet.
20	Robinau (r.)........	r. Désirée............	les champs.
20	Robinson (r.).......	r. des Champs........	r. de la-Cour-d.-Noues
9-18	Rochechouart (b.)...	r. Rochechouart.......	ch. des Martyrs.
9	Rochechouart (r.)...	r. Lamartine..........	ch. de r. de Rochech.
8	Rocher (r. du)......	r. de la Pépinière.....	ch. de r. de Clichy.
10	Rocroy (r. de)......	r. d'Abbeville.........	ch. de r. de St-Denis.
9	Rodier (r.).........	r. de la Tour-d'Auv...	av. Trudaine.
14	Roger (r.)..........	r. du Champ-d'Asile...	r. de la Pépinière.
1	Rohan (r.)..........	r. de Rivoli.........	r. St-Honoré.
6	Rohan (cour de)....	r. du Jardinet.........	pass. du Commerce.
18	Roi-d'Alger (r. du)..	r. Hermel..............	r. Ne-Charbonnière.
16	Roi-de-Rome (b.d.)..	pl. de l'Arc-de-Triomp..	r. de Villejust.
4	Roi-de-Sicile (r. du)..	r. Malher.............	r. Vieille-du-Temple.
3	Roi-Doré (r. du)....	r. St-Louis-au-Marais..	r. St-Gervais.
5	Rollin (pass.).......	r. de la Sorbonne.....	r. Maçons-Sorbonne.
19	Romainville (r. de)..	r. du Parc.............	pl. Trois-Communes.
8	Rome (r. de).......	r. St-Lazare...........	r. Cardinet.
20	Ronce (cour.).......	r. des Amandiers......	Charonne (anc.)
8	Roquepine (r. de)...	r. d'Astorg..	r. de la Ville-l'Evêque
11	Roquette (av. de la)..	r. de Charonne.......	r. de la Roquette.
11	Roquette (r. de la)..	pl. de la Bastille......	ch. de r. d'Aunay.
15	Rosière (r. de la)...	r. des Entrepreneurs..	r. de Javel.
20	Rosiers (pass. des)..	r. des Cendriers.......	r. des Panoyaux.
4	Rosiers (r. des).....	r. Malher.............	r. Vieille-du-Temple.
18	Rosiers (r. des).....	Gr.-r. de la Chapelle..	ch. de la Croix-de-l'E.
18	Rosiers (r. des).....	r. de Fontenelle.......	r. St-Denis.
19	Rossini (r.)	r. de la Gr.-Batelière...	r. Laffite.
3	Rot.-du-Temp. (pl.)..	r. du Forez......... .	r. du Petit-Thouars.
10	Roubaix (pl.)........	r. de Dunkerque......	r. Saint-Quentin.
11	Roubo (r.)...	r. du Faub.-St-Antoine.	r. de Montreuil.
15	Rouelle (r.).........	q. de Grenelle........	r. de Grenelle.
19	Rouen (r. de).......	q. de la Seine	r. de Flandre.
9	Rougemont (r.).....	b. Poissonnière.......	r. Bergère.
1	Roule (r. du).......	r. de Rivoli...........	r. St-Honoré.
17	Roussel (r.)	r. Cardinet...........	r. Guyot.
7	Rousselet (r.).......	r. Oudinot............	r. de Sèvres.
15	Roussin (r.)........	r. Croix-Nivert.......	r. Blomet.
19	Rouvet (r.).........	r. de Flandre.........	q. de la Gironde.
4	Royale (pl.).........	r. Royale	r. Ch.-des-Minimes.
19	Royale (r.).........	q. de l'Oise...........	r. de Flandre.
8	Royale-St-Honoré (r.)	pl. de la Concorde.....	pl. de la Madeleine.
5	Royer-Collard (r.)...	r. St-Jacques..........	r. d'Enfer.
15	Rubens (r.)........	Gr. r. de Vaugirard...	r. du Transit.
18	Ruisseau (r. du)....	r. Marcadet...........	r. du Poteau.
8	Rumford (r. de).....	r. Lavoisier..........	r. de la Pépinière.
14	Sablière (r. de la) ..	r. Chauvelot.........	r. Bénard.
6	Sabot (r. du).......	r. Bernard-Palissy....	r. du Four-St-Germ.
11	Saint-Ambroise (r.).	r. Popincourt.........	r. Saint-Maur.
3	— Anastase (r.).....	r. Turenne...........	r. Thorigny.
6	— André (boul.)...	pl. ou Pont-St-Michel.	font. Saint-Michel.
6	— — des Arts (pl.).	r. St-André-des-Arts...	r. Hautefeuille.
6	— — — (rue)	boul. Ménilmontant ...	boul. Charonne.
20	— — Charonne (r.).	boul. Saint-Michel	r. Ancienne-Comédie.
18	— — Montmart. (r.).	ch. Clignancourt......	pl. Saint-Pierre.
18	— Ange (pl.)......	r. Saint-Charles......	r. Charbonnière.
1-2	Sainte Anne (r.)....	r. de l'Anglave.......	r. Neuve-St-Augustin.
2	— (pass.)........	r. Sainte-Anne.......	pass. Choiseul.
12	— — Bercy (r.).....	av. du Petit-Bercy....	r. Léopold.
11-12	Saint-Antoine (faub.).	pl. de la Bastille......	pl. du Trône.
4	— — (r.).........	r. Fourcy-St-Antoine..	pl. Bastille.
3-2	Sainte-Apolline (r.)..	r. Saint-Martin.......	r. Saint-Denis.
2	Saint-Arnaud (r.)....	r. Nve-des-Capucines..	r. Nve-St-Augustin.

ARR.	VOIES PUBLIQUES.	TENANTS.	ABOUTISSANTS.
3	Sainte-Avoie (pas.)..	r. Rambuteau........	r. du Temple.
2	— Barbe (r.).......	r. Beauregard........	boul. Bonne-Nouvelle.
6	Saint-Benoît (r.)....	r. Jacob.............	r. Taranne.
11	— Bernard (pas.)...	faub. Saint-Antoine...	r. Charonne.
5	— — (quai)........	pont d'Austerlitz......	pont de la Tournelle.
11	— — St-Antoine (r.)	faub. Saint-Antoine...	r. de Charonne.
4	— Bon (r.)........	r. Rivoli............	r. de la Verrerie.
5	Ste-Cath.-d'Enfer (r.).	r. Paillet............	r. Gay-Lussac.
9	— Cécile (r).......	faub. Poissonnière....	r. du Conservatoire.
1	— Chapelle (c. d. J.).	boul. du Palais.	
1	— — (r.)..........	quai des Orfèvres.....	boul. du Palais.
18	St-Charl.-Chapelle (r.)	r. de la Goutte-d'Or....	r. Palonceau.
15	— — Grenelle (av.).	r. de Javel..........	boul. Victor.
15	— — Vaugirard (r.).	r. Blomet.	Grande-Rue.
16	Sainte-Claire (r.)....	pl. Possoz...........	r. de la Pompe.
3	— Claude-Marais (r.)	boul. Beaumarchais ...	r. Turenne.
4	Ste-Croix-Bretonn. (r.)	r. Vieille-du-Temple..	r. du Temple.
3-2-10	Saint-Denis (boul.) ..	porte Saint-Martin.....	porte Saint-Denis.
10	— — (faub.).......	boul. Saint-Denis.....	boul. de la Chapelle.
1-2	— — (r.)..........	pl. Châtelet..........	boul. Saint-Denis.
18	— — Montmar. (r.).	pl. du Tertre.........	r. Marcadet.
11	— — St-Antoine (r.)	faub. Saint-Antoine...	r. Montreuil.
19	— — Villette (r.)...	r. de Flandre.........	ch. Saint-Ouen.
16	— Didier (r.).......	av. Malakoff..........	av. d'Eylau.
7	— Dominique (pas.).	r. Saint-Dominique...	r. Grenelle.
7	— — (r.)..........	r. des Saints-Pères....	av. la Bourdonnaye.
3	Sainte-Élisabeth (r.).	r. des Fontaines.	r. Vertbois.
14	— — d'Enfer (r.)...	boul. d'Enfer.	
3	St-Etien.-B.-Nouv.(r.)	r. Beauregard.	boul. Bonne-Nouvelle.
14	Sainte-Eugénie (r.)..	r. du Moulin-Vert....	r. du Géorama.
18	— Euphrasie (r.)...	Petite-Rue-Saint-Denis	r. Hermel.
20	Saint-Fargeau (r.)...	r. Charonne..........	boul. Mortier.
17	— Ferdinand (r.)...	av. des Ternes.......	av. Grande-Armée.
2	— Fiacre (r.).......	r. des Jeûneurs.......	boul. Poissonnière.
1-8	— Florentin (r.)....	r. Rivoli............	r. Saint-Honoré.
2	Sainte-Foy (r.)......	r. des Filles-Dieu	r. Saint-Denis.
19	— Geneviève (r.) ...	r. des Prés..........	r. de Beaune.
9	Saint-Georges (r.)...	r. de Provence........	r. N.-Dame-de-Lorette.
17	— — Batignolles (r.)	av. de Clichy.........	r. Davy.
5	— Germain (boul.)..	quai de la Tournelle..	r. Hautefeuille.
20	— — Charonne (r.).	pl. de la Mairie.......	boul. Davoust.
1	— — l'Auxerr. (r.).	pl. du Châtelet.......	pl. des Trois-Maries.
6	— — des Prés (pl.).	r. Bonaparte.	
3	— Gervais (r.)......	r. Coutures-St-Germ..	r. Neuve-St-François.
3	— Gilles (r.)	boul. Beaumarchais...	r. Turenne.
7	— Guillaume (r.)...	r. Perronet..........	r. Grenelle.
5	— Hilaire (r.)......	r. des Sept-Voies.....	r. Jean-de-Beauvais.
13	— Hippolyte (r.)....	r. des Trois-Couronnes	r. de Lourcine.
16	— — Passy (r.)....	r. de la Tour.........	pl. Passoz.
8	— Honoré (faub.)...	r. Royale............	boul. Courcelles.
1-8	— — (r.)...........	r. des Déchargeurs....	r. de la Camarde.
1	— Hyac.-St-Hon. (r.).	r. de la Sourdière.....	r. Marché-St-Honoré.
13-14	— Jacques (boul.)..	r. de la Santé........	pl. d'Enfer.
13	— — (faub.).......	r. des Capucins.......	boul. Saint-Jacques.
5	— — (r.)..........	r. St-Séverin.........	r. des Capucins.
4	— — la Bouch. (sq.)	r. de Rivoli	av. Victoria.
8	— Jean-Baptiste (r.).	r. de la Pépinière.....	r. Saint-Michel.
17	— — Batignoll. (r.).	av. de Clichy.........	r. Moncey.
	— Joseph (cour)....	faub. Saint-Antoine.	
2	— — (r.)..........	r. du Sentier.........	r. Montmartre.
5	— Julien-le-P. (r.)..	r. de la Bûcherie......	r. Galande.
11	— Jules (r.).......	faub. Saint-Antoine...	r. de Montreuil.
15	— Lambert (r.)....	r. Lecourbe.........	r. Notre-Dame.
10	— Laurent (r.).....	faub. Saint-Martin....	boul. Magenta.
9-8	— Lazare (r.)......	r. Bourdaloue	r. de l'Arcade.
14	Sainte-Léonie (r.)...	r. du Terrier-Lapins..	r. de Vanves.

ARR.	VOIES PUBLIQUES.	TENANTS.	ABOUTISSANTS.
12	St-Louis-Bercy (r.)..	av. du Petit-Château..	r. Léopold.
4	— — en l'Ile (r.)...	quai Bourbon........	r. d'Orléans.
15	— — Grenelle (r.)..	boul. Grenelle........	q. de Javel.
14	— — Plaisance (r.).	r. de Constantine.....	r. de l'Ouest-Plaisance.
10	— — du Templ.(p.).	r. Saint-Maur.........	r. de la Chopinette.
15	— Ste-Lucie-Gr.(r.)..	r. de l'Église.........	r. de Javel.
12	— St-Mandé (av.)...	r. Picpus............	boul. de Picpus.
2	— Marc (r.)........	r. Montmartre........	r. Favart.
13-14	— Marcel (boul.)...	boul. de l'Hôpital.....	r. d'Enfer.
13	— — (r.)..........	pl. de la Collégiale....	r. Mouffetard.
11	— Ste-Marg.-St-A.(r.)	faub. Saint-Antoine...	r. de Charonne.
15	— — Grenelle (r.)..	r. de Lourmel........	av. Saint-Charles.
18	— Marie-Blanche (r.)	imp. Cauchois........	r. Lepic.
15	— — Grenelle (r.)..	r. Saint-Charles.......	boul. N.
18	— — Montm. (pl.)..	pl. du Tertre.........	pass. du Calvaire.
18	— — — (r.)......	r. Chantrier..........	rue Muller.
14	— — Plaisance (av.)	r. de Vanves........ .	
11	— — St-Thierré (p.)	r. de Charonne.......	boul. Sainte-Marie.
7	— — St-Germ. (p.).	r. du Bac............	r. de la Visitation.
10	— — du Templ. (r.).	r. Saint-Maur.........	r. de la Chopinette.
17	— — Ternes (r.)...	av. de la Grande-Armée.	boul. Péreire.
6	— Marthe (r.)......	pas. Saint-Benoît.....	r. Childebert.
3-10	Saint-Martin (boul.).	porte Saint-Martin....	pl. du Château-d'Eau.
10	— — (faub.).......	r. de Bondy..........	r. de Flandre.
4-3	— — (r.).....	quai le Pelletier......	boul. Saint-Martin.
20	— — Belleville (r.).	r. de la Mare.........	r. des Cascades.
6	— Marie-St-Ger. (r.).	r. de Sèvres..........	r. de Vaugirard.
11-10	— — Popinc. (r.)...	r. de la Roquette.....	r. Grange-aux-Biches.
14	— Méd.-Plais. (r.)..	r. Constantine........	r. de Vanves.
5-6	— Michel (boul.)....	pl. Saint-Michel.......	Carr. Observatoire.
5-6	— — (pl.).........	quai Saint-Michel.....	quai des Augustins.
5	— — (quai)........	pl. du Petit-Pont......	pl. Saint-Michel.
9-8	— Nicol.-d'Antin (r.)	r. Chaussée-d'Antin...	r. de l'Arcade.
12	— — St-Antoine (r.)	r. de Charenton......	faub. Saint-Antoine.
1	Ste-Opportune (pl.)..	r. Sainte-Opportune...	r. Courbalon.
1	— — (r.).........	pl. Sainte-Opportune..	r. de la Ferronnerie.
17-18	Saint-Ouen (av.)....	av. de Clichy.........	porte Saint-Ouen.
4	— Paul (quai)......	r. Saint-Paul.........	r. de l'École.
4-15	— — (r.).........	quai Saint-Paul.......	r. Saint-Antoine.
15	— — Grenelle (r.)..	quai de Javel........	av. Saint-Charles.
14	— — Montrouge (r.)	r. Vieille-d'Orléans ...	r. de la Voie-Verte.
6-7	Saints-Pères (r.)....	quai Malaquais.......	r. de Grenelle.
8	St-Pétersbourg (r.)..	pl. de l'Europe........	boul. de Clichy.
16	— Philibert (av.)...	r. Singer.............	r. des Vignes.
2	— Phil.-B.-Nouv.(r.)	r. d'Aboukir..........	r. de Cléry.
8	— — (cour)........	r. d'Angoulême.......	faub. Saint-Honoré.
8	— — du Roule (p.).	faub. Saint-Honoré....	r. de Courcelles.
2	— Pierre-Mont. (r.).	r. Montmartre........	r. N.-D.-des-Victoires.
11	— — Popincourt (r).	r. Saint-Sébastien.....	r. Oberkampf.
11	— — (pass.).......	r. St-Pierre-Popincourt	boul. Prince-Eugène.
4	— — St-Paul (pas.).	r. Saint-Paul.........	r. Saint-Antoine.
11	— — du Temp. (p.).	r. de l'Orillon........	faub. du Temple.
6	— Placide (r.)......	r. de Sèvres..........	r. de Vaugirard.
10	— Quentin (r.).....	boul. Magenta........	r. Dunkerque.
1	— Roch (r.)........	r. Saint-Honoré.......	r. Nve-des-P.-Champs.
6	— Romain (r.).....	r. de Sèvres.........	r. du Cherche-Midi.
11	— Sabin (r.).......	r. de la Roquette.....	r. du Chemin-Vert.
2	— Sauveur (r.).....	r. Saint-Denis........	r. Montmartre.
11	— Sébastien (pas.) .	r. Saint-Pierre	boul. Richard-Lenoir.
11	— — (r.)..........	boul. Beaumarchais...	r. Popincourt.
5	— Séverin (r.)......	r. Saint-Jacques......	boul. Saint-Michel.
20	St-Simoniens (p. d.).	r. de Calais..........	rue de la Duée.
2	Saint-Spire (r.).....	r. des Filles-Dieu.....	r. Sainte-Foy.
6	— Sulpice (pl.).....	r. du Vieux-Colombier.	r. Saint-Sulpice.
6	— — (r.)..........	r. de Condé..........	pl. Saint-Sulpice.
17	Ste-Thérèse-Bat. (r.).	av. de Clichy........	r. Lemercier.

ARR.	VOIES PUBLIQUES.	TENANTS.	ABOUTISSANTS.
7	St-Thomas-d'Aq. (pl.)	pl. St-Thomas-d'Aquin	r. Saint-Dominique.
18	— Victor (pass.)....	boul. Magenta.	
5	— — (pl.).........	r. de Jussieu.........	r. Saint-Victor.
5	— — (r.)..........	r. des Boulangers.....	r. Bernardins.
18	— Vinc.-Mont. (r.).	r. de la Borne........	r. des Brouillards.
2	— — de Paul (r.)...	r. Belzunce	r. Ambroise-Paré.
14	— Yves (r.)........	r. des Artistes........	r. de la Tombe-Issoire.
3	Saintonge (r. de)....	r. du Perche..........	r. de la Santé.
17	Salneuve (r.).......	r. d'Orléans..........	boul. de Sébastopol.
3	Salomon de Caus (r.)	r. St-Martin...........	la Villette (anc.)
19	Sambre (q. de la)...	gare circulaire........	boul. Sérurier.
13	Samson (r.)........	r. Jonas.............	r. Scribe.
9	Sandrié (imp.)......	pass. Sandrié.........	b. du Temple.
14	Santé (av. de la)....	r. du Ch. des Capucins.	r. b. St-Jacques.
14	Sarrasin (r.)	ch. des Prêtres.......	r. de la Tombe-Iss.
1	Sartine (r.).........	r. de Viarme..........	r. Coquillière.
2	Saucède (pass.).....	b. de Sébastopol......	r. St-Denis.
17	Saucier-Leroy (r.)...	r. des Dames.........	r. des Termes.
9	Saulnier (pass.).....	r. Richer.............	r. Bleue.
2	Saumon pass. du)...	r. Montorgueil........	r. Montmartre.
8	Saussaies (r. des)...	pl. Beauveau.........	r. de la Ville-l'Evêque
18	Saussaye (r. de la)...	r. Traînée............	ch. de r. St-Vincent.
17	Saussure(r.)........	r. des Dames........	fortifications.
19	Sauvage (pass.).....	r. d'Allemagne........	r. de Meaux.
1	Sauval (r.).........	r. St-Honoré..........	r. de Viarmes.
6	Savoie (r. de).......	r. Pavée.............	r. des Gr.-Augustins.
7-15	Saxe (av. de)........	pl. de Fontenoi... ...	r. de Sèvres.
9	Say (r.)...........	b. Rochechouart.	
16	Scheffer (r.)........	r. Vineuse...........	r. de la Pompe.
4	Schomberg (r. de)...	b. Morland...........	r. de Sully.
14	Schomer (r.)........	r. de l'Ouest...... ...	r. de Vanves.
3	Scipion (r.).........	r. des Francs-Bourg...	pl. Scipion.
9	Scribe (r.).........	b. des Capucines.....	r. Mogador.
19	Sébastopol (r.)......	r. d'Allemagne........	r. de Meaux.
1-2-4-3	Sébastopol(b.)	pl. du Châtelet.......	b. St-Denis.
11	Sedaine (r.).........	r. de St-Sabin.......	r. Popincourt.
19	Sedan (r.)..........	r. d'Allemagne........	q. de la Sambre.
6	Séguier (r.).........	q. des Gr.-Augustins..	r. St-André-des-Arts.
7	Ségur (av. de)......	pl. Vauban....	av. de Saxe.
19	Seine (q. de la).....	r. de Flandre....	r. de Bordeaux.
6	Seine (r. de).......	q. Malaquais..........	r. St-Sulpice.
16	Sente-du-Calvaire(r.)	r. du Sentier-Glacière.	les champs.
2	Sentier (r. du)......	r. de Cléry...........	b. Poissonnière.
12	Sentier-St-Ant. (r. du)	boul. Picpus.........	av. Daumesnil.
5	Sept-Voies (r. des)..	r. de l'Ecole Polytech..	pl. du Panthéon.
6	Serpente (r.).......	b. St-Michel.	r. de l'Eperon.
19	Sérurier (boul.).....	canal de l'Ourq.......	porte de Romainville.
11	Servan (r.).........	r. de la Roquette.....	r. des Amandiers.
6	Servandoni (r.).....	r. Palatine	r. de Vaugirard.
7-15-6	Sèvres (r. de)......	r. du Cherche-Midi...	ch. de r. de Vaugirard
9-8	Sèze (r. de).........	r. Basse-du-Rempart..	pl. de la Madeleine.
10	Sibour (r.).	r. du Faub.-St-Martin..	boul. de Strasbourg.
18	Simart (r.).........	r. Labat.............	r. Marcadet.
4	Simon-le-Fr. (r.)....	r. du Temple.........	r. du Poirier.
16	Singer (r.)..........	r. Basse.............	r. de Boulainvilliers.
4	Singes (r. des).. ...	r. Ste-Croix-de-la-Br...	r. des Blancs-Mant.
17	Soffroy (r.).........	av. de Clichy.........	les champs.
19	Soissons (r. de). ...	r. de Flandre.........	q. de la Seine.
8	Soleil d'Or (pas. du).	r. de la Pépinière.....	r. Delaborde.
19	Solitaires (r. des)....	r. de Beaune.........	r. de la Villette.
2	Soly (r.)...........	r. de la Jussienne.....	r. des Vieux-Augustins
5	Sorbonne (pl.)......	r. Victor-Cousin.	b. St-Michel.
5	Sorbonne (r.).......	r. des Mathurins......	pl. Sorbonne.
5	Soufflot (r.).........	pl. Ste-Geneviève......	r. d'Enfer.
12	Soulages (r.)	q. de Bercy..........	r. de Bercy.
12	Soult (boul.)........	cours de Vincennes...	av. Daumesnil.

ARR.	VOIES PUBLIQUES.	TENANTS.	ABOUTISSANTS.
20	Soupirs (pass. des)..	r. de la Chine.........	r. Puébla.
16	Source (r. de la) ...	r. de la Croix.........	r. des Vignes.
1	Sourdière (r. de la)..	r. St-Honoré..........	r. de la Corderie.
3	Sourdis (r).........	r. Charlot............	r. d'Anjou.
16	Spontini (r.)........	av. de l'Impératrice...	r. de la Tour.
6	Stanislas (r.).......	r. N.-D.-des-Champs ..	b. Montparnasse.
8	Stockholm (r.)......	r. de Vienne.........	r. de Londres.
10	Strasbourg (b. de)...	b. St-Denis..........	r. de Strasbourg.
10	Strasbourg (r. de)..	faub.-St-Martin.......	faub.-St-Denis.
16	Suchet (boul.).......	porte Muette..........	porte d'Auteuil.
7-15	Suffren (av.).......	q. d'Orsay............	av. de Lowendal.
6	Suger (r.).........	pl. St-André-des-Arts..	r. de l'Eperon.
4	Sully (r. de)........	r. de Schomberg......	b. Morland.
8	Surène (r. de)......	pl. de la Madeleine....	r. des Saussaies.
4	Tacherie (r. de la)...	q. le Pelletier...	r. de Rivoli.
4	Taille-Pain (r.)......	r. du Cloître-St-Merri..	r. Brisemiche.
11	Taillebourg (av.)....	pl. du Trône..........	ch. de r. de Vincenn.
9	Taitbout (r.)........	b. des Italiens	r. d'Aumale.
16	Talma (r.)..........	Bois-le-Vent..........	r. Singer.
19	Tanger (r.)........	b. de la Villette......	r. de l'Isly.
6	Taranne (r.)........	r. de l'Egout.........	r. des Saints-Pères.
17	Tarbé (r.)..........	r de la Santé.........	r. Cardinet.
8	Téhéran (r. du).....	boul. Haussmann......	r. de Valois.
20	Télégraphe (r. du)...	r. St-Fargeau........	r. du Parc.
18	Télégraphe (r. du)..	r. Léonie.............	r. Berthe.
16	Télégraphe (r. du)...	b. de Passy..........	av. de St-Denis.
3-11	Temple (b. du)......	r. des Filles-du-Calv...	r. du Temple.
4-3	Temple (r. du)......	r. de Rivoli..........	b. St-Martin.
10-11	Temple (Faub.)......	r. du Temple.........	ch. de r. de Belleville
3	Temple (sq. du).....	r. du Temple.........	r. de Bretagne.
11	Ternaux (r.)........	r. Popincourt.........	r. Jacquard.
17	Ternes (av. des).....	b. de l'Etoile.........	fortifications.
17	Terrasse (r. de la)..	r. de Lévis...........	b. de Malesherbes.
12	Terres-Fortes (r. d.).	b. de la Contrescarpe..	r. Moreau.
11	Terrier-aux-Lap. (r.).	r. du Château-du-M...	pass. Léonidas.
18	Tertre (pl. du)......	r. St-Denis...........	r. du Calvaire.
18	Théâtre (av. du)....	r. des Acacias.	
15	Théâtre (r. du)......	q. de Grenelle........	r. de la Croix-Nivert.
14	Théâtre (r. du)	r. de la Gaîté........	ch. du Maine.
5	Thénard (r.)........	r. des Noyers.........	r. des Ecoles.
1	Thérèse (r.)........	r. Ste-Anne..........	r. Ventadour.
5	Thermes (sq. des)...	q. St-Germain........	r. des Mathurins.
14	Thermopyles (pas.)..	r. du Ch.-des-Plantes..	r. de Vanves.
2	Thévenot (r.).......	r. St-Denis...........	r. des Petits-Carreaux.
14	Thibaud (r.)........	r. d'Orléans..........	ch. du Maine.
13	Thiboumery (r.).....	ch. des Tournelles....	r. du Haut-Transit.
19	Thierry (r.).........	r. St-Denis...........	r. des Prés.
19	Thionville (r. de)....	r. de Marseille........	Villette (anc.).
18	Tholozé (r.)	r. de la Cure.........	r. de l'Empereur.
3	Thorigny (r. de). ...	r. de la Perle........	r. des Cout.-St-Gerv.
5	Thouin (r.).........	r. des Fossés-St-Victor.	r. N^e de l'Estrapade.
13	Tiers (r.)...........	r. Gérard.............	r. Butte-aux-Cailles.
18	Tilleuls (av. des)...	r. de l'Empereur......	Montmartre (anc.)
16	Tilsitt (r. de).......	av. des Ch.-Elysées....	av. de Wagram.
15	Tiphaine (r.)........	r. du Commerce......	r. Violet.
2	Tiquetonne (r.).....	r. Montorgueil........	r. Montmartre.
1	Tirechape (r.).......	r. St-Antoine.........	r. St-Honoré.
4	Tiron (r.)..........	r. de Rivoli..........	r. du Roi-de-Sicile.
13	Titien (r.)....	r. du Banquier.......	b. de l'Hôpital.
9	Tivoli (pass. de)....	r. St-Lazare..........	r. de Londres.
9	Tivoli (r. de).......	r. de Clichy..........	r. de Londres.
14	Tombe-Issoire (r. de)	b. d'Arcueil...........	anc. route d'Orléans.
1	Tonnellerie (r. de la)..	r. St-Honoré..........	r. de Rambuteau.
5	Toullier (r.).......	r. Gerson............	r. des Cordiers.
	Tour (r. de la).....	carr. de la Montagne..	Passy (anc.).

ARR.	VOIES PUBLIQUES.	TENANTS.	ABOUTISSANTS.
9	Tour-des-Dames (r.).	r. la Rochefoucauld....	r. Blanche.
20	Tourelles (r. des)...	r. de Vincennes.......	Belleville (anc.).
18	Tourlaque (r.).......	r. Lepic.............	r. de Maistre.
5	Tournelle (q. de la)..	b. St-Germain.........	q. de Montebello.
3-4	Tournelles (r. des)..	r. St-Antoine..........	b. Beaumarchais.
6	Tournon (r. de)....	r. St-Sulpice..........	r. de Vaugirard.
18	Tourtagne (r.)......	r. Fondary....	r. des Dames.
20	Tourtille (r. de).....	r. Napoléon...........	r. du Théâtre.
7	Tourville (av. de)...	b. des Invalides.......	r. de Paris.
6	Toustain (r.).......	r. de Seine...........	av. de la Motte-Piq.
2	Tracy (r. de).......	b. d'Italie............	r. Félibien.
18	Traînée (r.)........	pl. du Tertre.........	r. St-Denis.
16	Traktir (r.).........	r. Lauriston..........	av. de l'Impératrice.
15	Transit (r. du)......	pourtour de l'Eglise...	r. de la Croix-Nivert.
14-15	Transit (r. du)......	r. des Vignes.........	Vaugirard (anc.)
7	Traverse (r.).......	r. Oudinot............	r. de Sèvres.
12	Traversière (r.).....	q. de la Râpée........	r. du Faub.-St-Antoine.
5	Traversine (r.)......	r. d'Arras............	r. Montagne-Ste-Gen.
9	Trévise (r. de)......	r. Bergère............	r. Bleue.
9	Trévise (cité de)....	r. Richer.............	r. Bleue.
17	Trézel (r.).........	av. de Clichy........ .	r. Ste-Elisabeth.
2	Trinité (pas. de la)..	r. de Palestro..	r. St-Denis.
9	Trinité (r. de la)....	r. Blanche............	r. de Clicgy.
5	Triperet (r.)........	r. de la Clef..........	r. Gracieuse.
11	Trois-Bornes (r. des).	r. Folie-Méricourt.....	r. St-Maur.
12	Trois-Chandelles....	r. Montgallet.........	r. des Quatre-Chem.
20	Trois-Communes....	r. de Paris...........	porte de Romainville.
13	Trois-Couronnes S. M	r. Mouffetard.........	r. St-Hippolyte.
11	Trois-Couronn. du T.	r. St-Maur..........	boul. de Belleville.
18	Trois-Frères (r.)....	r. Léonie.............	r. Tholozé.
1	Trois-Maries (pl. des).	r. de l'École.........	r. de la Monnaie.
3	Trois-Pavillons	r. des Francs-Bourgeois.	r. du Parc-Royal.
5	Trois-Portes........	pl. Maubert..........	r. de l'Hôtel-Colbert.
14	Trois-Sœurs........	r. Deprez............	r. de la Procession.
8	Tronchet (r.).......	pl. de la Madeleine.. .	r. Neuve-des-Math.
11-12	Trône (pl. du)......	r. du Faub.-St-Antoine.	av. du Trône.
9	Trudaine (av.)......	r. Rochechouart.......	r. des Martyrs.
17	Truffault (r.).......	av. de Boulainvilliers..	r. Cardinet.
1	Tuileries (q. des)....	q. du Louvre.........	pl. de la Concorde.
2-3	Turbigo (r. de)......	r. St-Denis...........	r. du Temple.
4-3	Turenne (r. de).....	r. St-Antoine	r. Charlot.
9	Turgot (r.).........	r. Rochechouart.......	av. Trudaine.
8	Turin (r. de).......	r. de Berlin......... ..	ch. de r. de Clichy.
5	Ulm (r. d').........	pl. Ste-Geneviève......	r. des Feuillantines.
7	Université (r. de l')..	r. des Saints-Pères....	av. de la Bourdonn.
5	Ursulines (r. des)...	r. d'Ulm.............	r. St-Jacques.
7	Valadon (r.)........	r. de Grenelle-St-G....	r. du Champ-de-Mars.
5	Val-de-Grâce (r. du)..	r. St-Jacques.........	r. de l'Est.
5	Valence (r. de)......	r. Mouffetard.........	r. Pascal.
18	Valence (r. de)......	r. des Cinq-Moulins...	r. d'Alger.
10	Valenciennes (pl. d.)..	b. de Magenta........	r. de Lafayette.
10	Valenciennes (r. de)..	r. de St-Quentin......	b. de Magenta.
10	Valmy (q. de)......	r. d'Angoulême.......	ch. de r. de Pantin.
8	Valois-du-R. (r.)...	r. de Courcelles.......	r. du Rocher.
1	Valois-P.-Royal (r.)..	r. St-Honoré....	r. de Beaujolais.
14	Vandamme (r.)......	r. de la Gaîté.........	r. du Chemin-de-Fer.
14	Vandal (r.).........	r. de Vanves.........	boul. Brune.
13	Vandrezanne (r.)....	r. de Fontainebleau...	r. de la Butte-aux-C.
7	Vanneau (r.)........	r. de Varenne.........	r. de Sèvres.
1	Vannes (r. de)..... .	r. de Viarmes..	r. des Deux-Ecus.
14	Vanves (r. de)......	ch. du Maine.........	boul. Brune.
7	Varenne (r. de).....	r. de la Chaise........	b. des Invalides.
7	Vauban (pl. de).....	av. de Tourville.	av. de Ségur.
3	Vaucanson (r.)......	r. Conté et de Breteuil.	r. du Vertbois.

ARR.	VOIES PUBLIQUES.	TENANTS.	ABOUTISSANTS.
15	Vaugelas (r.)........	r. Olivier de Serres....	r. Lacretelle.
6-15	Vaugirard (r. de)...	r. Monsieur-le-Prince..	ch. de r. d. Fourn.
15	Vaugirard (b. de)...	Gr.-r. de Vaugirard....	r. de Sèvres.
5	Vauquelin (r.)......	r. des Postes.........	r. des Feuillantines.
1	Vauvilliers (r.)......	r. St-Honoré..........	r. Viarme.
16	Vavin (av.).........	r. Vavin...............	r. de l'Ouest.
6	Vavin (r.)...........	r. de l'Ouest..........	b. Montparnasse.
5	Veaux (pl. aux)......	r. de Poissy..........	r. de Pontoise.
1	Vendôme (pl.)......	r. St-Honoré..........	r. N^e-des-Capucines.
3	Vendôme (pass.)....	r. Vendôme..........	b. du Temple.
4	Venise (r. de)......	r. Beaubourg.........	r. Quincampoix.
1	Ventadour (r.)......	r. Thérèse............	r. N^e-des-Pet.-Ch.
9	Verdeau (pass.).....	r. de la Gr.-Batelière..	r. Faub.-Montmartre.
16	Verderet (r.).......	pl. d'Aguesseau.......	r. du Buis.
7	Verneuil (r. de).....	r. des Saints-Pères....	r. de Poitiers.
16	Vernet (r.).	r. de Chaillot.........	r. de Presbourg.
17	Vernier (r.).........	r. de la Chaumière...	r. de la Révolte.
1	Véro-Dodat (pass.)..	r. de Grenelle.........	r. du Bouloi.
18	Véron (r.)...........	r. des Beaux-Arts.....	r. Lepic.
4	Verrerie (r. de la)...	pl. du Marché-St-Jean..	r. St-Martin.
3	Vertbois (r. du).....	r. du Temple.........	r. St-Martin.
3	Vertus (r. des)......	r. des Gravilliers.....	r. Phélipeaux.
15	Viala (r.)...........	b. de Javel..........	r. de l'Ent.epôt.
1	Viarmes (r. de).....	entourant la Halle au	blé.
10	Vicq d'Azyr (r.).....	r. Grange-aux-Belles..	ch. de la Chopinette
9	Victoire (r. de la)...	r. du Faub.-Montm....	r. Joubert.
1-2	Victoires (pl. des)...	r. Cr.-des-Pet.-Ch.....	r. Pagevin.
15	Victor (boul.).......	porte de Versailles. ...	porte de Meudon.
5	Victor Cousin (r.)...	r. Gerson.	r. Soufflot.
4	Victoria (av.).......	pl. de l'Hôtel-de-Ville..	r. des Lavandières.
2	Vide-Gousset (r.)....	pl. des Victoires.... .	r. des Petits-Pères.
5	Vielle-Estrapade (r.).	r. Blainville..........	r. des Postes.
5	Vieille-Notre-Dame..	r. Censier............	r. Daubenton.
4	Vieille-du-Temple...	r. Saint-Antoine.......	r. des Filles-du-Calv.
20	Vieille-Rue Montreuil	Gr.-Rue de Montreuil..	b. Davoust.
4	Vieilles-Étuves-St-M..	r. Beaubourg.........	r. Saint-Martin.
8	Vieilles-Haudriettes.	r. du Chaume.........	r. du Temple.
3	Vienne (r. de)......	r. du Rocher..........	pl. d'Europe.
7	Vierge (r. de la)....	q. d'Orsay...........	r. St-Dominique.
1-2	Vieux-Augustins (r.).	r. Coquillière.........	r. Montmartre.
18	Vieux-Chemin (r.du).	r. de l'Abbaye........	r. Traînée.
6	Vieux-Colombier (r.).	pl. Saint-Sulpice......	r. Cherche-Midi.
3	Vieux-Marché (pl.du).	marché St-Martin... ..	r. Réaumur.
5	Vignes (pas. des)...	r. des Postes.........	r. du Rateau.
16	Vignes (r. des)......	r. Neuve-Boileau......	r. de la Source.
18	Vignes (r. des).....	ch. de fer de ceinture.	boul. Ney.
20	Vilin (r.)...........	r. des Couronnes.....	r. des Envierges.
7	Villars (av. de).....	pl. de Vauban.........	r. d'Estrées.
1	Villedo (r.)	r. de Richelieu.......	r. Ste-Anne.
3	Villehardouin (r.)...	r. St-Gilles..........	r. de Turenne.
13	Villejuif (r. de).....	r. Pinel..............	r. de la B.-des-Gobel.
16	Villejust (r. de).....	b. du Roi-de-Rome....	av. de St-Denis.
19	Villette (b. de la)....	r. du faub.-St-Martin..	r. de Château-Landon.
17	Villiers (r. de)......	av. des Ternes........	fortifications.
12	Villiot (r.)..........	q. de la Râpée........	r. de Bercy.
10	Vinaigriers (r. des)..	r. de Marseille.......	r. du Faub.-St-Martin.
20-12	Vincenn. (cours de)..	boul. de Picpus.......	porte de Vincennes.
19	Vincent (r.)........	r. de Paris..........	r. St-Laurent.
18	Vincent-Compoint(r.)	r. du Poteau.........	r. Cloys.
1	Vindé (cité)........	b. de la Madeleine.	
16	Vineuse (r.)........	b. de Longchamp.....	carref. de la Mont.
1	Vingt-neuf-Juillet (r.)	r. de Rivoli..........	r. St-Honoré.
9	Vintimille (pl. de)...	r. de Vintimille......	r. de Douai.
9	Vintimille (r. de)....	r. de Clichy..........	pl. de Vintimille.
10	Violet (pass.).......	r. d'Hauteville........	r. du Faub.-Poissonn.
15	Violet (r.)...	b. de Grenelle........	pl. Violet.

ARR.	VOIES PUBLIQUES.	TENANTS.	ABOUTISSANTS.
16	Virgile (r.).........	r. de la Pompe........	r. du Petit-Parc.
15	Virginie (r.)........	r. de Javel...........	r. St-Paul.
18	Virginie (r.)........	b. Rochechouart......	pl. St-Pierre.
6	Visconti (r.)........	r. de Seine...........	r. Bonaparte.
7	Visitat.-Ste-Marie (r.)	pass. Ste-Marie........	r. de Grenelle.
16	Vital (r.)	Gr.-r. de Passy.......	r. des Carrières.
20	Vitruve (r.).........	pl. de la Réunion.....	r. St-Germain.
2	Vivienne (r.).......	r. Neuve-des-Pet.-Ch..	b. Montmartre.
2	Vivienne (galer.)....	r. Neuve-des-Pet.-Ch...	r. Vivienne.
14	Voie-Verte (r. de la).	r. de la Tombe-Issoire.	boul. Jourdan.
3	Volta (r.)..........	r. au Maire...........	r. N.-D. de Nazareth.
7	Voltaire (q.)........	r. des Saints-Pères....	r. du Bac.
16	Voltaire (imp.)......	av. Despréaux.........	av. Molière.
3-4	Vosges (r. des)......	boul. Beaumarchais...	r. de Turenne.
18	Vosges (r. des)......	r. des Poissonniers....	les champs.
12	Voûte-du-Cours (r.).	boul. Soult...........	av. Daumesnil.
8-17	Wagram (av.)......	Rond-Point de l'Étoile.	boul. Malesherbes.
5-13	Walhubert (pl.).....	pont d'Austerlitz......	boul. de l'Hôpital.
13	Watt (r.)...........	r. du Chevaleret......	r. de la Gare.
10	Wauxhall (cité du)..	r. du Château-d'Eau...	r. des Marais.
16	Wilhelm (r.)........	route de Versailles....	ruelle du Roc.
15	Xaintrailles (r.).....	r. de la Croix-Rouge..	pl. Jeanne-d'Arc.
12	Yonne (r. de l').....	port de Bercy.........	r. de Bercy.
15	Yvart (r.).	r. des Tournelles......	imp. Fondary.
5	Zacharie (r.)........	q. St-Michel..........	r. St-Séverin.

PARIS. — IMP. SIMON RAÇON ET COMP., RUE D'ERFURTH, 1

RUES NOUVELLEMENT DÉNOMMÉES (décrets des 19-24 août 1864, 2 octobre 1865)

ANCIENS NOMS.	NOUVEAUX NOMS.
Neuve-Orléans.	Ducouëdic.
— Pépinière.	Fermat.
— Pigalle.	Germain-Pilon.
— Poirée.	Toullier.
— Procession.	Decrès.
— Saint-Denis.	Blondel.
— Saint-Eustache.	Aboukir.
— Saint-François.	Debelleyme.
— Ste-Geneviève.	Tournefort.
— Saint-Jacques.	Hallé.
— Saint-Paul.	Charles V.
— Saint-Pierre.	Villehardouin.
— Strasbourg.	Pajol.
— Véron.	Audran.
Notre-Dame Batign.	Brochant.
— Passy.	Desbordes-Valmore.
— Vaugirard.	Desnouettes.
Orléans-Batignolles.	Legendre.
— Saint-Marcel.	Daubenton.
Ormeaux.	Bouvines.
Ormes-Charonne.	Auger.
Pantin.	Haxo.
Parc-Vaugirard.	Beuret.
Passy.	Poisson.
Pavée-St-And.-des-A.	Séguier.
Percier.	Mansart.
Périgueux.	Debelleyme.
Petit-Parc.	Spontini, Pergolèse.
Petite-Fontaine.	Dangeau.
Petits-Champs-St-Mar.	Brantôme.
Petite rue du Bac.	Dupin.
— Chevert.	Bougainville.
— Egl.-Batign.	Mariotte.
— Fontarabie.	Galleron.
— Procession.	La Quintinie.
— Reuilly.	Erard.
— Royale.	Houdon.
— Taranne.	Bernard-Palissy.
— Tournelle.	Marmontel.
Planchette.	Biscornet.
Planchettes.	Bellini.
Plâtre St-Jacques.	Domat.
Poirées.	Gerson, Restaut.
Pompe.	Bouchardon.
Pont.	Linois.
Pourtour St-Gervais.	François-Miron.
Puteaux.	D'Arcet.
Ranelagh.	Raphaël.
Réunion-Auteuil.	Jouvenet.
Roc.	Berton.
Rossini.	Ingres.
Royale St-Antoine.	Birague.
Sablonnière.	Péclet.
Saint-André-Passy.	Cimarosa.
— Ange.	Lesueur.
Ste-Anne.	Ferrus.
Saint-Antoine.	François-Miron.
— Charles-Batign.	Bridaine.
— — Ternes.	Vernier.
— Claude-Batign.	Galvani.
— — Bne-Nouv.	Chénier.

ANCIENS NOMS.	NOUVEAUX NOMS.
Saint-Denis.	Malakoff.
— — Belleville.	Compans.
Ste-Elisabeth-Batign.	Davy.
Saint-Etienne-Batign.	Dulong.
— — Grés.	Cujas.
— Fiacre.	Miollis.
Ste-Geneviève.	Keppler.
Saint-Georges.	Delaroche.
— Germain-Batign.	Berzelius.
— Guillaume.	Perronnet
— Hyac.-St-Michel.	Paillet.
— Jean Gros-Cail.	Nicot.
— — Montm.	Cortot.
— Laurent-Bellev.	Rebeval.
— Louis-Batign.	Nollet.
— — Marais.	Turenne.
Ste-Marg.-St-Germain.	Gozlin.
Ste-Marie-Batignolles.	Lamandé.
— — Montrouge.	Lalande.
— — St-Germain.	Allent.
Saint-Mich.-du-Roule.	Rigny.
— Nicolas-Vaugir.	Bausset.
— Pierre-Montr.	Danville.
— — Passy.	Nicolo.
— Victor.	Linné.
Santé-Vaugirard.	Saussure.
— Montrouge.	Hallé.
Seine-Auteuil.	Wilhelm.
— Passy.	Berton.
Sèvres.	Lecourbe.
Strasbourg-Chapelle.	Pajol.
Théâtre-Belleville.	Lesage.
— Grenelle.	Quinault.
— Montmartre.	Dancourt.
— Montrouge.	Vandamme.
Tour-du-Temple.	Rampon.
Tournelles (R. P. des).	Alleray (pl.).
— Chapelle.	Riquet.
— Passy.	David, Alleray.
— Vaugirard.	Vaugelas, Oliv. Serres.
— (Chemin des).	Yvart.
Traversière-Grenelle.	Héricart.
Triomphes.	Taillebourg.
Triperie.	Combes.
Trois-Frères.	Roussin.
Tuilerie.	La Fontaine.
Val-Ste-Catherine.	Turenne.
Valenciennes.	Corial.
Varennes-St-Honoré.	Sauval.
Vendôme.	Béranger.
Versailles.	Fresnel.
Vieille route de Sèvr.	Lemarrois.
Vieilles-Etuves.	Sauval.
Vierge-Vaugirard.	Roussin.
Vignes.	Vernet.
— St-Marcel.	Rubens.
— Vaugirard.	Dombasle.
Ville-l'Evêque.	Cambacérès, Argenson
Villette.	Hautpoul.
Vinaigriers-Montm.	Christiani.
Vincennes.	Haxo, Daumesnil.
Vitry.	Patay.
Voltaire.	Casimir-Delavigne.

Voir à chacun des noms **nouveaux**, dans le Dictionnaire, les tenants et aboutissants de ces diverses rues.

LES

GRANDS DICTIONNAIRES

DE LA

Librairie CH. DELAGRAVE et Cie, éditeurs

ENCYCLOPÉDIE NOUVELLE

Divisée en Dictionnaires spéciaux, la plupart illustrés, dont il est donné description dans les pages suivantes.

SAVOIR :

Dictionnaire général des SCIENCES théoriques et appliquées, par MM. Privat-Deschanel et Ad. Focillon. 2 forts vol. illustrés, 30 fr.

Dictionnaire général des LETTRES, BEAUX-ARTS, sciences morales et politiques, par MM. Bachelet et Ch. Dezobry. 1 ou 2 vol. à volonté, avec figures, 25 fr.

Dictionnaire général de BIOGRAPHIE, d'HISTOIRE, de GÉOGRAPHIE ancienne et moderne, de mythologie, des institutions, etc., par MM. Ch. Dezobry et Th. Bachelet. 2 forts vol., 25 fr.

Dictionnaire de CHIMIE INDUSTRIELLE (procédés de fabrication, inventions, découvertes récentes, produits et ressources de l'industrie manufacturière), par MM. Barreswil et A. Girard. 5 vol. illustrés, 25 fr.

Dictionnaire de l'ART ÉPISTOLAIRE français, avec des conseils et des préceptes sur chaque genre, par M. Ch. Dezobry. 1 vol., 15 fr.

Dictionnaire universel d'HISTOIRE NATURELLE (zoologie, botanique, minéralogie, géologie, chimie et physique générale), par Ch. d'Orbigny, avec atlas de plus de 300 planches coloriées. Nouvelle édition, *paraissant par livraisons de 24 à 32 pages, à 1 franc*, ou *par séries de 5 livraisons, à 5 francs.*

Dictionnaire général des PÊCHES (La Pêche et les Poissons), par M. H. de la Blanchère; avec illustrations dessinées et coloriées par A. Mesnel, *paraissant par livraisons de 2 feuilles, à 1 franc.*

LE LIVRE DE LA FERME et des maisons de campagne (véritable Dictionnaire de la grande et de la petite culture, de l'élevage, de l'économie rurale, de l'hygiène et de la vie agricole), par M. P. Joigneaux. 2 forts vol. illustrés, 32 fr.

PARIS. — IMP. SIMON RAÇON ET COMP., RUE D'ERFURTH.

www.ingramcontent.com/pod-product-compliance
Ingram Content Group UK Ltd.
Pitfield, Milton Keynes, MK11 3LW, UK
UKHW022149170726
13837UKWH00004B/1877

9 782019 682514